OS **11** MAIORES
    GOLEIROS
    DO FUTEBOL
    BRASILEIRO

Proibida a reprodução total ou parcial em qualquer mídia
sem a autorização escrita da editora.
Os infratores estão sujeitos às penas da lei.

A Editora não é responsável pelo conteúdo da Obra,
com o qual não necessariamente concorda.
O Autor conhece os fatos narrados, pelos quais é responsável,
assim como se responsabiliza pelos juízos emitidos.

Consulte nosso catálogo completo e últimos lançamentos
em **www.editoracontexto.com.br**

Fotos:

Luís Augusto Símon

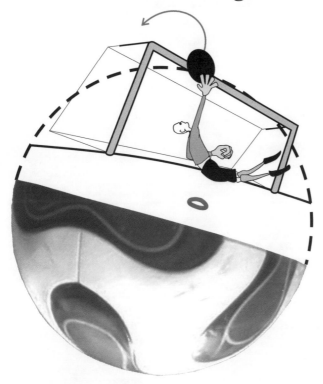

OS **11** MAIORES
GOLEIROS
DO FUTEBOL
BRASILEIRO

Copyright © 2010 Do autor
Todos os direitos desta edição reservados à
Editora Contexto (Editora Pinsky Ltda.)

Capa, projeto gráfico e diagramação
Sergio Kon/A Máquina de Ideias

Preparação de textos
Adriana Teixeira

Revisão
Flávia Portellada

Dados Internacionais de Catalogação na Publicação (CIP)
(Câmara Brasileira do Livro, SP, Brasil)

Símon, Luís Augusto
  Os 11 maiores goleiros do futebol brasileiro /Luís Augusto Símon. — São Paulo : Contexto, 2010.

  Bibliografia.
  ISBN 978-85-7244-473-6

  1. Futebol - Brasil - História 2. Jogadores de futebol - Brasil I. Título.

10-02881   CDD-796.33426092

Índices para catálogo sistemático:

1. Brasil : Jogadores de futebol : Esporte
   796.33426092

2010

EDITORA CONTEXTO
Diretor editorial
Jaime Pinsky

Rua Dr. José Elias, 520 – Alto da Lapa
05083-030 – São Paulo – SP
PABX: (11) 3832 5838
contexto@editoracontexto.com.br
www.editoracontexto.com.br

Esse livro é para

Myrian, minha mãe.
Márcia, meu amor.
Bruna, Carolina, Fernanda, Marina,
Susana, Neto, Ana Júlia e Carlão, minha família.

Antonio Carlos Póvoa, o Gato Póvoa,
grande goleiro de Aguaí, que fez a sequência de oito defesas.
Ou seriam nove?

Japilda, que fechava o gol
da Engenharia de Lins

Sumário

11   Apresentação

15   **CAPÍTULO 1**   Barbosa: de unanimidade a mártir

Entrevista: Zagallo

39   **CAPÍTULO 2**   Castilho: trabalhou muito para virar "sortudo"

Entrevista: Pinheiro

63   **CAPÍTULO 3**   Gilmar: o primeiro campeão do mundo

Entrevista: Pepe

87   **CAPÍTULO 4**   Raul: o grande goleiro de Cruzeiro e Flamengo

Entrevista: Júnior

109   **CAPÍTULO 5**   Leão: amigo do treinamento incansável

Entrevista: Leivinha

131   **CAPÍTULO 6**   Zetti: em dois anos derrotou Barcelona e Milan

Entrevista: Valdir de Moraes

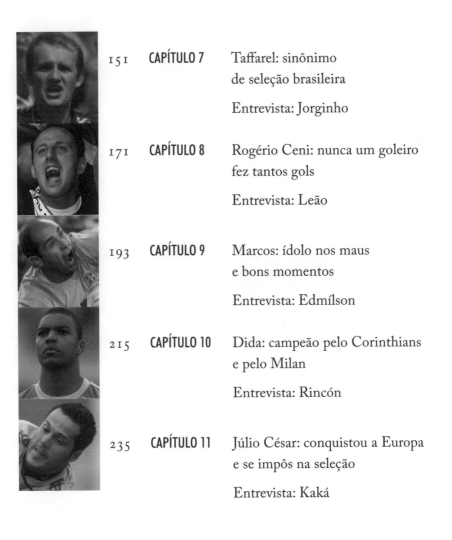

151	**CAPÍTULO 7**	Taffarel: sinônimo de seleção brasileira
		Entrevista: Jorginho
171	**CAPÍTULO 8**	Rogério Ceni: nunca um goleiro fez tantos gols
		Entrevista: Leão
193	**CAPÍTULO 9**	Marcos: ídolo nos maus e bons momentos
		Entrevista: Edmílson
215	**CAPÍTULO 10**	Dida: campeão pelo Corinthians e pelo Milan
		Entrevista: Rincón
235	**CAPÍTULO 11**	Júlio César: conquistou a Europa e se impôs na seleção
		Entrevista: Kaká

253 Bibliografia
255 O autor

Apresentação

Sujeito estranho, o goleiro. Nem existia antes de 1871, quando foi definido que um atleta de cada lado poderia usar as mãos dentro de sua área. Como uma pessoa que faz de tudo para impedir a grande emoção do futebol – o gol – pode ser admirada?

O goleiro costuma ser mais alto que os colegas, usa roupa diferente, mais colorida, corre muito menos do que os outros e atua em um espaço menor, onde a grama, farta em outros cantos do campo, não existe.

E os goleiros brasileiros são admirados, sim senhor. Já vai longe o tempo em que morríamos de inveja de argentinos como Carrizo e Vacca, eles sim, seguravam tudo, não tinham medo de nada. Quando a bola chegava em sua área, gritavam "deixa que é minha", ao contrário dos nossos, que, desesperados, falavam "vai que é tua" para os zagueiros.

Será que foi assim mesmo? São registros orais de um tempo longínquo, quando o futebol brasileiro ainda não conseguia mostrar resultados consistentes, apesar do talento de seus jogadores.

Por isso, ao ser convidado por Jaime e Luciana Pinsky para escrever o livro sobre os 11 maiores goleiros do futebol brasileiro, optei, primeiramente por um corte temporal. Só entrariam goleiros que tivessem atuado a partir dos anos 1940. Assim, seria possível buscar dados mais concretos, vozes discordantes. Construir, então, um perfil isento e não uma hagiografia. Mesmo porque não há jogador de futebol que seja anjo.

Ao fazer isso, me despedi de Marcos Carneiro de Mendonça, o primeiro goleiro da seleção brasileira, em 1914, ícone e símbolo de um Fluminense aristocrático. Foi goleiro, foi conselheiro, foi presidente do clube e sua casa era palco de reunião de intelectuais cariocas.

Deixei também de lado Eurico Lara. Como é que Lara, que saiu do interior para entrar na história do Grêmio e está até no hino, pode ficar de fora? Ficou. Até Valdir de Moraes, campeão gaúcho pelo Renner em 1954, goleiro da Academia do Palmeiras e professor de Zetti, Marcos, Leão, e outros que aqui estão, também ficou de fora.

A lista inicial possuía então 13 nomes. Foram escolhidos por suas participações em seleções brasileiras, mas não apenas isso. Quem precisa de seleção, quando consegue ser o maior goleiro do maior Flamengo de todos os tempos? Depois de ter sido o maior goleiro do maior Cruzeiro de todos os tempos? Raul entra, é lógico. E Rogério Ceni, de poucos jogos na seleção, apesar de participar de duas Copas? Maior goleiro artilheiro da história do futebol mundial, mais que ídolo, um mito vivo para os são-paulinos, entra, é lógico.

Marcos, por tudo o que fez pelo Palmeiras, entraria, mesmo que não tivesse sido o melhor goleiro da Copa de 2002. E quem pensa que foi Kahn, o alemão que entende de bolsa de valores, está apostando errado.

Muitas vezes me senti como um técnico da seleção, sendo obrigado a cortar jogadores em véspera de Copa do Mundo. Dois precisavam sair. E decidi eliminar dois grandes goleiros que seriam fonte para grandes textos. Manga, o Manguita, que brilhou no Botafogo, Nacional de Montevidéu, que é ídolo no Equador, que conviveu com Garrincha, que foi ameaçado de morte por João Saldanha e Félix, o tricampeão rejeitado, mesmo tendo feito uma grande Copa em 1970. Grandes personagens... mas havia outros goleiros melhores. Fica a sugestão para quem quiser fazer duas biografias de sucesso. Manga e Félix, que não entraram nesta seleção.

Aqui, o leitor vai encontrar Barbosa que fez tantas defesas e ficou marcado por aquela que não fez; vai ler sobre o goleiro preferido de Telê, Castilho, que amputou um dedo para jogar, que cometeu suicídio e que, mesmo assim, é lembrado como símbolo de goleiro com sorte.

Leão está aqui. Foi o único a jogar quatro Copas e garante que poderiam ser cinco. Taffarel, de pouco sucesso em clubes, construído *na* seleção e *para* a seleção, não poderia faltar. Dida, o iceberg negro, Júlio César, o europeu, também. Zetti, bicampeão mundial interclubes. E Gilmar, o Gylmar dos Santos Neves, bicampeão mundial interclubes e bicampeão mundial pela seleção também, é lógico.

APRESENTAÇÃO

* * *

Com a lista feita, trabalhei bastante. Agradeço aos amigos Marcelo Laguna, Gabriel Navajas e Arnaldo Ribeiro, por terem facilitado o trabalho de pesquisa feito por Carlos Henrique Bacci Simon, feita com as coleções da revista *Placar*, do *Diário Popular*, *Jornal da Tarde* e *O Estado de S.Paulo*. Busquei informações também nos sites da Gazeta Esportiva, sites oficiais do Pelé, Flamengo, R7 notícias, onde encontrei a detalhada explicação de Marcos, em entrevista ao repórter Cosme Rímoli, para o seu erro na disputa do Mundial Interclubes, contra o Manchester, em 1999. Agradeço também a amigos como Marcelo Damato, Luís Augusto Mônaco e Maurício Noriega, que me indicou à Contexto. Foram fundamentais para que o livro saísse bem feito.

Agora, é com vocês. Espero que gostem.

* * *

Agradecimentos:
À Márcia, pela bibliografia e por nossa vida.
Ao Carlos Henrique, pela pesquisa.
Ao Rubens Leme da Costa, pela ajuda inestimável.

CAPÍTULO 1

BARBOSA

Saiu do Ypiranga, conquistou o Vasco, o Rio, todo o Brasil, e pagou até a morte por sofrer o gol que impediu o primeiro título mundial da seleção pentacampeã.

Surpresa, só houve nas primeiras vezes em que a ousadia do goleiro se concretizou. Depois, tudo se tornou corriqueiro, ainda que belo. Bola na área, e ele voava para encontrá-la, dominá-la e protegê-la. Nem parecia que tinha apenas 1,76m. E, naqueles lances, não tinha mesmo. Ficava muito maior, com o braço esticado – o braço, apenas um – e envolvia a bola com uma das mãos – só uma – e depois, como se fosse uma ave protegendo a cria sob asa, trazia a bola até o peito. Só então, como ato final da defesa que levava amigos ao delírio e inimigos ao desespero, pousava a outra mão sobre a bola. "É melhor que Vacca", diziam os vascaínos.

Vacca? Claudio Vacca, goleiro do Boca Juniors de 1938 a 1950, exceção a 1941, quando esteve emprestado ao Atlanta. Não era alto, mas famoso por sua agilidade, foi campeão sul-americano de 1946. Seu nome virou sinônimo de goleiro de alto nível. Talvez mais aqui do que lá. Goleiro argentino, na época, era motivo de inveja aos brasileiros. Principalmente naqueles anos anteriores à Copa de 1950, quando os rivais que adoramos vencer, comandados por Di Stéfano, o então maior jogador do mundo, faziam muita gente crer – e com boa dose de razão – que era deles o maior futebol do mundo.

Enfim, um grande goleiro

Moacyr Barbosa, com sua característica defesa com uma mão só era um bálsamo para os brasileiros. Tínhamos sim, um goleiro como Vacca, como os argentinos. Até que enfim. Para os que duvidavam, a turma da Cruz de Malta jogava na cara o Campeonato Sul-americano de 1948, como ficou conhecido o Torneio dos Campeões Sul-Americanos, que reuniu alguns campeões nacionais da América do Sul, quando o Expresso da Vitória parou La Maquina. Velhos tempos do futebol em que apelidos assim se eternizavam. Expresso da Vitória era o Vasco. Com Barbosa, Augusto, Ely, Danilo, Maneca, Ademir, Friaça e Chico, todos eles da seleção brasileira que seria campeã do mundo – quem duvidava disso? – dois anos depois. La Maquina era o River Plate, do volante Nestor Rossi, patrão da área e dono da camisa 5 da seleção argentina. Tinha atacantes como Moreno, Di Stéfano, Labruña e Lostau, além dos reservas Muñoz e Méndez, todos da seleção argentina. O River e a seleção se confundiam. Eram quase uma coisa só.

Pois, naquele início de 1948, o Expresso e La Maquina tinham encontro marcado em Santiago do Chile. Barbosa em um gol e Grizetti em outro. Não era Vacca, mas era argentino. E Barbosa ainda não havia colocado os argentinos em seu devido lugar, não havia ainda se igualado a eles.

Vasco e River Plate eram dois dos convidados do Colo Colo, campeão chileno, que resolveu criar o primeiro Campeonato Sul-americano de clubes. Os outros participantes eram o Nacional, do Uruguai, Litoral, da Bolívia, Municipal, do Peru e Emelec, do Equador. E, na verdade, o encontro entre o Expresso e La Maquina era aguardado apenas no Brasil. Para toda América do Sul, o River era o favorito. Por um motivo muito simples: La Maquina, até por proximidade e influência cultural, era conhecida em toda América. Afinal, a Argentina havia sido campeã sul-americana no ano anterior, e dois anos antes. E três anos antes. Tricampeã, de 1945 a 1947. O Expresso, não. Com os títulos de campeão carioca invicto em 1945 e 1947, era uma referência essencialmente brasileira. Conhecido no Brasil todo de norte a sul, de leste a oeste, pelas ondas da Rádio Nacional, mas apenas no Brasil. O campeonato era por pontos corridos com todos os times se enfrentando em um único turno. Os jogos eram em rodada dupla. Como havia sete concorrentes, era impossível que, no fim de cada rodada, todos tivessem feito o mesmo número de jogos.

O Vasco estreou com vitória sem brilho contra o Litoral, da Bolívia, por 2 a 1. As críticas ao time começaram a diminuir após as goleadas sobre o Nacional (4 a 1) e Municipal (4 a 0). Em seguida venceu o Emelec (3 a 1) e empatou com o Colo Colo por 1 a 1.

O River havia vencido os times mais fracos – Emelec, Litoral e Municipal – e sofrera uma derrota desmoralizante para o Nacional, por 3 a 0, em mais uma de tantas batalhas do Rio da Prata. Para serem campeões, precisavam vencer o Vasco e também o Colo Colo na despedida.

Expresso campeão

Só conseguiram cumprir a segunda parte da tarefa. O jogo contra o Vasco, muito nervoso, terminou 0 a 0. O empate começou a ser garantido com uma estranha decisão do técnico Flávio Costa. Ele afastou o zagueiro Rafagnelli e escalou Wilson. Estava desconfiado que o argentino titular estivesse sem condições emocionais de enfrentar seus compatriotas. E ídolos.

No intervalo do jogo, o técnico José María Minella trocou o defensor Yacono por Méndez. E, aos 18 minutos, sacou o meia Reyes para a entrada de outro atacante, Munõz. A pressão foi grande, mas o Vasco e, principalmente, Barbosa, seguraram tudo. "A atuação dele foi sensacional, muito segura. Quando o Vasco precisou, principalmente no último jogo, ele fez defesas impressionantes. E olha que não era fácil segurar aqueles argentinos", conta o jornalista Luís Mendes. É preciso padronizar. Sugestão: seguir a regra da ortografia, que determina o acento que narrou o Campeonato Sul-americano pela Rádio Globo.

O título do Vasco foi presenciado por 70 mil torcedores. "La Maquina fué Vasco" foi a manchete de um jornal chileno.

No Brasil, a festa foi enorme. O *Jornal dos Sports*, através de manchetes na primeira página, conclamou o povo a ir às ruas para comemorar o feito do Vasco. "Recebamos os vascaínos como autênticos heróis de uma jornada sem precedentes", era um dos títulos. Outro título serviria para contar a saga dos pracinhas que participaram da Segunda Guerra Mundial: "Partiram para a vitória e venceram". Havia ainda uma matéria com autoridades esportivas elogiando o Vasco: "Vozes do esporte louvam conquista sensacional" e outras duas pedindo gente na rua para aplaudir os campeões: "Que todos acorram ao aeroporto".

Havia motivo para tanta festa. Nunca o futebol brasileiro havia conseguido um título jogando em território estrangeiro. Nem clube nem seleção. Depois do Vasco, foi a vez da seleção brasileira, no Pan-americano de 1952, novamente em Santiago. O título do Vasco foi um antecessor da Copa Libertadores, o campeonato oficial sul-americano, que teve sua primeira edição em 1960. Em 1996, a Conmebol, entidade que dirige o futebol da América do Sul, reconheceu o título do Vasco, que, no ano seguinte, pôde disputar a Supercopa, competição reservada apenas a quem tinha ao menos uma conquista de Libertadores no currículo.

Com o título nas mãos, Barbosa estava pronto para assumir de vez o posto de titular da seleção brasileira. Havia estreado em 16 de dezembro de 1945, com uma derrota por 4 a 3 para a Argentina. Em 4 de abril de 1948, 20 dias depois do título conquistado sobre o River Plate, fez sua segunda partida, em um empate por 1 a 1 com o Uruguai, pela Copa Rio Branco [Torneio disputado de 1931 a 1968, e que reunia as duas seleções]. Barbosa, Augusto, Danilo, Friaça, Jair e Chico, pelo Brasil, e Máspoli, Tejera, Gambetta, e Rodriguez Andrade, pelo Uruguai, participaram desse jogo. Dois anos, três meses e 12 dias depois, eles voltariam a se encontrar na partida que mudou a vida de todos, principalmente a de Barbosa.

Na semana seguinte, o Brasil, com Luís Borracha no gol, foi derrotado por 4 a 2 pelo Uruguai no estádio Centenário, em Montevidéu. Muita gente pensou que, se Barbosa jogasse, talvez o título da Copa Rio Branco ficasse com o Brasil. Em 1950, contra o mesmo Uruguai, o raciocínio foi o inverso. E Barbosa foi culpado da derrota.

De terno e gravata, sempre com Clotilde

Em 1949, ninguém mais falava em Luís Borracha como goleiro da seleção. O lugar era de Moacyr Barbosa, uma unanimidade nacional. Nascido em Campinas, não sofria críticas da imprensa paulista, apesar de jogar no Vasco. E o Rio o aceitou muito bem. Sempre elegante, era comum vê-lo de chapéu, terno e gravata.

Gostava de se vestir bem. Um dândi, como se dizia na época. Formava um casal muito elegante com Clotilde, de quem não se separava, primeira e única namorada.

Antes de jogar no gol, Barbosa era um bom ponta-esquerda. Chutava forte. Uma característica que levou para o gol. Cobrava tiro de meta com muita força, iniciando ataques para o seu time. Foi um inovador, pois na época tiro de meta era função de zagueiro.

Ele já era considerado um bom goleiro quando chegou ao Ypiranga, em 1939.

– Eu me lembro dele quando segurava tudo no gol do LPB (Laboratório Paulista de Biologia), um laboratório farmacêutico que tinha time na várzea. Depois, foi meu reserva na seleção paulista, quando a nossa amizade aumentou bastante – lembra Oberdan Cattani, goleiro do Palmeiras de 1940 a 1954, que acompanhou de perto a carreira de Barbosa.

Em 1942, viveu seu grande ano no Ypiranga. Graças às suas defesas, o time chegou em terceiro lugar no Campeonato Paulista. Em 1944, com 23 anos, foi contratado pelo Vasco. Foi indicado por Domingos da Guia. Sua chegada ao time carioca fazia parte de um projeto ousado do presidente Ciro Aranha. Desde 1942, ele buscava uma renovação do time vascaíno. Trouxe o pernambucano Ademir, do Sport, que se transformou no maior artilheiro da história do clube, com 300 gols marcados. Só foi superado por Roberto Dinamite, 40 anos depois. Do Madureira, contratou o trio Lelé, Isaías e Jair. Jair foi o que vingou, conhecido pelo nome todo: Jair Rosa Pinto, um baixinho com um canhão nos pés.

O início de Barbosa não foi como ele esperava. Sofreu algumas contusões e só se firmou como titular no ano seguinte, em lugar de Rodrigues. O Vasco começava a montar o fantástico Expresso da Vitória, campeão carioca em 1947, 1949 e 1950.

– Quando se tem um time de alto nível, como aquele Vasco de Ademir, Friaça, Chico, Ely e Danilo, é costume dizer que o goleiro não tem importância. É um grande erro se pensar isso do Barbosa. Ele era tão bom e tão importante quanto os outros jogadores – conta o jornalista Luís Mendes.

Goleada sobre o (falso) Uruguai

Em abril de 1949, como preparação para a Copa do Mundo, o Brasil sediou a Copa América. Começou de forma arrasadora, com duas goleadas inimagináveis no mundo de hoje: 9 a 1 no Equador e 10 a 1 na Bolívia. Depois de uma vitória por 2 a 1 no Chile, três novas goleadas: 5 a 0 na Colômbia, 7 a 1 no Peru e 5 a 1 no Uruguai.

Resultado enganoso. O futebol uruguaio vivia uma grande crise, com os jogadores em greve, buscando melhores salários. Por isso, foi enviado ao Brasil um time de terceira divisão, quase amadora. O único conhecido era Matias Gonzáles, um "fura-greve", que foi perdoado e esteve na final de 1950.

Em seguida, uma derrota para o Paraguai, por 2 a 1, o que levou o campeonato a uma partida extra entre os dois times. E o Brasil foi campeão, com uma goleada de 7 a 0. Em oito jogos, o Brasil venceu sete e perdeu um. Marcou 46 gols e sofreu sete. O time titular tinha Barbosa, Augusto, Eli, Danilo e Ademir, do Vasco.

A Copa América foi conquistada em 11 de maio de 1949. A seleção voltaria a se reunir um ano depois. Disputaria, contra o Uruguai e o Paraguai, a Copa Rio Branco e a Taça Osvaldo Cruz, respectivamente. As competições eram feitas simultaneamente, o que exigia a escalação de dois times. Barbosa jogou contra o Uruguai nos dia 6 de maio, no Pacaembu, em São Paulo; e 14 de maio, em São Januário, no Rio de Janeiro. Castilho enfrentou o Paraguai, dia 7 em São Januário e no dia 13, no Rio.

O primeiro jogo contra o Uruguai poderia servir de aviso aos brasileiros. Não era mais o Uruguai alternativo do ano anterior. Começou a partida com Máspoli, Matias González, Obdulio Varela, Rodríguez Andrade, Julio Pérez, Míguez e Schiaffino que conquistariam o título no mês seguinte. Além de Ghiggia e Gambetta, que entraram no segundo tempo. O Uruguai venceu por 4 a 3. No dia 18, o Brasil venceu por 3 a 2. Houve uma partida extra. O Brasil ganhou por 1 a 0. Nos dois últimos jogos, Ghiggia já era o titular. O aviso estava no ar.

Nelson Rodrigues, escritor e jornalista, alertou:

– Os uruguaios perceberam que se continuassem como um time, levariam vantagem e poderiam até conquistar a Copa Rio Branco. Por isso foram, principalmente, um conjunto. Assusta-me a gordura de um Juvenal. Acho difícil voltar ao peso em um mês. Assusta-me a inatividade de Augusto, que, segundo Flávio Costa, é o jogador que mais dificilmente entra em forma.

Poucos concordaram com a visão de Nelson Rodrigues. O otimismo tomava conta do Brasil. A Copa seria nossa. Era a nossa vez.

O primeiro jogo, dia 24 de junho, foi uma goleada por 4 a 0 sobre o México e serviu para aumentar o otimismo da torcida. Ademir, duas vezes, Jair Rosa Pinto e Baltazar marcaram. O ataque mexicano nem passou perto de Barbosa.

A segunda partida estava marcada para dia 28, no Pacaembu. Flávio Costa, que tinha fama de centralizador e autoritário, mostrou pouca firmeza diante da possibilidade de a seleção ser vaiada pela torcida paulista. A rivalidade entre paulistas e cariocas era muito grande e o treinador optou por escalar vários jogadores de São Paulo. O time sentiu falta de entrosamento e não conseguiu manter a vantagem que teve sobre a Suíça em dois momentos do jogo. Terminou em empate.

O terceiro jogo carregava uma grande carga de emoção. A Iugoslávia havia derrotado México e Suíça e jogava pelo empate contra o Brasil. Apenas um time se classificaria. Na entrada em campo, o meia Mitic, astro iugoslavo, sofreu um corte na cabeça devido à explosão de uma lâmpada. Seu nome estava na súmula do juiz e, como não havia substituição, teria de jogar. Fez um enorme curativo e entrou já com 15 minutos de jogo.

O Brasil vencia por 1 a 0, gol de Ademir. Mitic, antes de Ghiggia, foi o jogador que mais exigiu de Barbosa. Em filmes da época, é possível ver um Barbosa muito seguro, jogando adiantado e fazendo duas defesas em chutes de Mitic. Duas bolas baixas, no canto esquerdo. Duas defesas sem rebote. É possível perceber ali que o Brasil tinha um goleiro ágil, rápido, seguro e confiante. Zizinho fez o segundo gol e o Brasil se classificou. A seleção havia passado por seu primeiro grande teste, diante de mais de 140 mil pessoas no Maracanã.

Depois, vieram os momentos catárticos para os brasileiros. Em 9 de julho, 7 a 1 na Suécia. Quatro de Ademir, dois de Chico e um de

Maneca. Todos do Vasco. Eram 138.886 pagantes que aceitariam pagar novamente pelo que haviam visto.

Em 13 de julho, todo o estádio cantava *Touradas de Madri*, marchinha de Braguinha, para comemorar os 6 a 1 na Espanha. Dois de Ademir, dois de Chico, um de Jair e outro de Zizinho.

O título estava perto. Faltavam três dias. E um empate contra o Uruguai. Tão pouco. Mas não aconteceu. Na final, o Brasil saiu na frente com Friaça, a dois minutos do segundo tempo. Schiaffino empatou aos 21 e Ghiggia desempatou aos 32. O Brasil atacou desesperadamente e não empatou. O choro atingiu 173.850 pagantes no Maracanã. Mais uns 20 mil penetras e um país lá fora.

Caça aos culpados

E começou a caça às bruxas. Obdulio Varela, o capitão uruguaio, teria dado um tapa na cara de Bigode. Flávio Costa teria ordenado aos jogadores que gostaria de uma vitória limpa, sem faltas. Juvenal teria passado a noite em um bordel. Mas quem pagou mais foi Barbosa, o goleiro negro. A unanimidade. "A maior pena no Brasil é de 30 anos e eu estou pagando há 50", disse no final da vida.

Mas, qual foi o crime de Barbosa? Houve um crime de Barbosa? Houve dois crimes de Barbosa? Em qual dos gols do Uruguai ele falhou?

No primeiro, quando Ghiggia escapou pela direita e cruzou sob medida para a conclusão de Schiaffino? Difícil falar em erro após um lance iniciado e concluído por dois jogadores que, após a Copa, transferiram-se para o seleto futebol italiano. Alcides Eduardo Ghiggia era uma revelação uruguaia. Com 22 anos, havia ganhado a posição de Julio César Brites pouco tempo antes. Fez um gol por jogo durante a Copa. Juan Alberto Schiaffino era o melhor do time. Um meia clássico, considerado por muitos, até hoje, como o maior jogador da história do futebol uruguaio.

As críticas ficam para o segundo lance. Após seis toques, Ghiggia chegou ao fundo. Barbosa deu um passo à frente, preparando-se para impedir o cruzamento, como havia feito 13 minutos antes. E Ghiggia chutou diretamente para o gol. Um chute fraco, mascado, rente à trave, naquele espaço deixado por Barbosa. Espaço suficiente para poucas bolas. Mas bastava uma para que todo o país terminasse de vez a transição da alegria de toda a Copa para a tristeza de todo o sempre. Barbosa voltou. Saltou e chegou a tocar a bola com os dedos da mão esquerda. Insuficiente para impedir o gol.

Hoje, passado tanto tempo, as vozes de defesa superam as críticas. O jornalista João Máximo estava no Maracanã no 16 de julho de 1950 que marcou, de forma trágica, o futebol brasileiro.

O gol de Ghiggia ratificou o Uruguai como uma potência do futebol mundial, marcou uma geração de brasileiros e fez de Barbosa um refém desse momento por toda sua vida.

— Posso dizer categoricamente que o Barbosa não errou. Todo bom goleiro já sofreu um frango na vida, mas Barbosa, não. E não errou contra o Uruguai. O que marcou aquele jogo foi que o Ghiggia dominou o Bigode a partida inteira. No primeiro lance, o zagueiro Juvenal tentou impedir o chute de Schiaffino e não conseguiu. No segundo, ele saiu para a cobertura do Bigode e não chegou a tempo. E no gol tão contestado, o Barbosa fez certo. Deu um passo à frente e foi surpreendido pelo chute do Ghiggia. Não dava para fazer nada – disse o jornalista.

Teixeira Heizer, também jornalista, não estava no jogo e fica com a análise de quem viu tudo de muito perto:

— Eu fui amigo de Castilho, que era o reserva de Barbosa na seleção. O Castilho viu todo o jogo no banco de reservas do Brasil e sempre me disse que não houve falha. Tecnicamente, a saída de Barbosa foi perfeita, ele fez o que deveria ter feito.

Oberdan Cattani que entre 1944 e 1945 fez nove jogos pela seleção, sonhou em estar na Copa. Não foi e coloca a culpa em Flávio Costa, o treinador de 1950, a quem, com sotaque italiano, chama de *maledeto*. "Ele não gostava de paulista e deixou de fora gente como Mauro, Rui, Bauer e Noronha. E quem sofreu foi o Barbosa. No fim da vida, estava bebendo muito, não merecia isso."

Em 1950, porém, não houve tanta boa vontade com Barbosa e com os outros envolvidos na derrota que não poderia ter acontecido. O que se viu foi uma caça aos culpados e uma grande troca de acusações. Juvenal disse que Bigode e Barbosa haviam falhado. Barbosa nunca aceitou falar em erro. Flávio Costa foi acusado de não gostar de paulistas e de preferir Bigode a Noronha, do São Paulo, que seria muito melhor. E, pior, de haver recomendado a todos os jogadores, principalmente a Bigode, que não fizessem faltas feias. E um pontapé de Bigode em Ghiggia poderia ter impedido os gols. O ponta-esquerdo Chico não teria obedecido às ordens do treinador, que pediu a ele que voltasse um pouco para ajudar Bigode. Chico, louco para fazer um dos gols da vitória que viria – quem duvidava dela? – teria se recusado a deixar o ataque, um minuto que fosse.

Em Lima, uma nova chance

E a vida continuou. Barbosa ainda era o titular do Vasco. E teve uma nova chance. Em 1953, fez sua última partida pela seleção, no Sul-americano de Lima, convocado por Aymoré Moreira, juntamente com Castilho e Gilmar. Uma vitória por 2 a 0 sobre o Equador.

Mas a grande chance, Barbosa não teve. Ele sonhava em reescrever a sua história. O Brasil tinha uma nova geração – jogadores como Djalma Santos, Nilton Santos e Julinho Botelho – e poderia fazer bonito na Copa de 1954. Aos 33 anos, Barbosa estava atuando bem e poderia ter uma vaga. Afinal, até Veludo, reserva de Castilho, havia sido convocado nas Eliminatórias em virtude de uma contusão do titular.

Veludo nunca foi Barbosa. O veterano goleiro estava perto de sua segunda Copa, mas uma disputa com o atacante Zezinho, do Botafogo, em jogo pelo Rio-São Paulo de 1953, terminou com a fratura de sua perna direita. Foi internado no Hospital dos Acidentados e recebia muitas visitas.

– Eu estava internado, com a perna quebrada, só pensando na Copa de 1954, na Suíça, que eu iria perder por causa dessa fratura gravíssima, onde dois ossos da minha perna direita, totalmente separados, formavam um "v" sobre minha pele, o que exigiu um engessamento todo complicado, com armação de metal. Incrível é que eu tenha conseguido voltar a jogar depois dessa trombada – disse Barbosa, ao escritor Roberto Muylaert.

Sem seleção e sem nova Copa, Barbosa jogou ainda por oito anos. Esteve no Santa Cruz, no Recife, em 1955 e 1956 e voltou ao Rio para o Bonsucesso. Depois de um ano, retornou ao Santa Cruz, no qual atuou até 1960. Seu último time foi o Campo Grande.

Despedida sem festa em Madureira

A última partida, em 8 de julho de 1962, foi sem festa. Nem era para ser uma despedida, mas a dor que sentiu ao cair ao chão, após espalmar uma bola para escanteio, foi muito grande. Distensão na virilha. Depois de alguns minutos no chão, Barbosa pede para sair. Sabia que era o fim da carreira de 27 anos. O velho goleiro, que ainda carregava, aos 42 anos, a culpa e as dores por aquele gol sofrido havia 12 anos, recebia os últimos aplausos. Eram 670 torcedores vendo o único Campo Grande x Madureira que ficou na história.

Com o final da carreira, Barbosa passou a trabalhar na Suderj, empresa que administra o Maracanã. Sua sala era dentro do estádio. Perto das traves em que sofreu o gol que não poderia ter sofrido. Algo para que não se esquecesse nunca do drama que havia vivido. O passado insistia em voltar.

Para exorcizar lembranças que teimavam em ser eternas, Barbosa fez um grande churrasco na sua casa em 1963. O fogo que cozinhava a carne também destruía o lado mais triste do seu passado. O que queimava eram as traves do gol que havia defendido em 1950. Ele as havia recebido de presente quando os estádios do mundo, por determinação da Fifa, tiveram de trocar as traves que formavam ângulo de 90° pelas atuais, redondas.

O fogo queimou tudo, mas a tristeza continuou. Foi o que viu o repórter Geneton Moraes Neto, da TV Globo, que o entrevistou em 1986:

– Descobri que ele trabalhava no Parque Aquático do Maracanã. Tive, ali, uma visão que poderia descrever como melancólica: à beira da piscina, Barbosa transitava entre crianças, pais e mães que nem suspeitavam que aquele homem já tinha, um dia, silenciado a maior plateia até hoje reunida para uma partida de futebol – a torcida que superlotou o Maracanã para testemunhar a festa que não houve, no dia da decisão da Copa do Mundo de 1950. Quando pedi a Barbosa que ele fosse com a gente até o gramado do Maracanã, porque gostaríamos de gravar uma imagem debaixo da trave onde Ghiggia fez o gol, ele respondeu que não: " ali dentro, não". Era como se o cenário da "tragédia" – logo ali, ao alcance de nossos pés – o incomodasse ainda. Resultado: a entrevista foi gravada numa sala ao lado do Parque Aquático.

Barbosa contou a Geneton sobre uma passagem que havia acontecido em uma viagem à Rússia:

– Alguém perguntou a ele que títulos ele tinha conseguido como jogador. Barbosa disse que tinha sido vice-campeão do mundo. Ingênuo, o interlocutor disse: "…mas você deve ser tratado como herói no Brasil"! Barbosa ria. Teve de explicar que não, o vice-campeonato em 1950, na verdade, era uma maldição.

Em 16 de novembro de 1993, um fantasma assombrou a Granja Comary, em Teresópolis. Ali, no suntuoso centro de treinamentos mantido pela CBF, a seleção brasileira fazia os últimos treinos antes da partida do dia 19, pelas Eliminatórias, contra o Uruguai. Só havia uma vaga para a Copa do Mundo e o jogo decidiria qual dos gigantes da América do Sul estaria nos Estados Unidos, em julho. Bastava um empate para o Brasil se classificar. Exatamente como em 1950. Naquele já longínquo 16 de julho, 43 anos antes, o Brasil permitiu a virada, perdeu de 2 a 1, e ficou com o vice-campeonato mais doído de sua história.

A grande conquista transformou os uruguaios em heróis. Ghiggia, Schiaffino (autores dos gols) e Máspoli (goleiro) foram convidados pela Associação Uruguaia de Futebol para assistir ao jogo de 43 anos depois. Vieram dar força aos compatriotas que tentavam repetir a façanha.

A grande derrota transformou os brasileiros em párias. Moacyr Barbosa, o goleiro de 1950, sabia disso. Sentiu na pele, por mais de quatro décadas, toda a frustração do país que tinha certeza de um título que não veio. Em 1993, já com 72 anos de vida, achava, porém, que merecia um indulto. Foi em busca disso, e de algum dinheiro, é claro, que decidiu ir a Teresópolis. Só conseguiu parte dos objetivos.

Proibido de conversar com Taffarel

O pagamento veio da BBC, rede inglesa, que o levou para uma conversa com Taffarel, o então titular. O goleiro que foi derrotado em 1950 encontrando-se com o que teria a missão de impedir que o raio caísse pela segunda vez no mesmo lugar. Que impedisse um segundo *Maracanazo*.

A pauta da emissora não se concretizou. Carlos Alberto Parreira, técnico da seleção, não deixou. "Proibi mesmo. Não quero encontros com Barbosa ou qualquer jogador do passado. Isso não acrescenta nada", disse. Taffarel, após o treino, saiu correndo, assustado. Depois, negou, sem convencer, que havia evitado a conversa. "Não tenho medo de nenhum encontro. Só que precisei fazer musculação", afirmou.

E a passagem de Barbosa pela Granja Comary resumiu-se a ver o treinamento de goleiros e, depois, a um encontro com Zagallo, que o tratou muito bem. Em 1996, Barbosa perdeu Clotilde, sua companheira por 55 anos. Longe da mulher e tão perto do Maracanã, decidiu que nada mais teria a fazer no Rio. Mudou-se para Cidade Ocian, perto da Praia Grande, no litoral paulista. Viveu por mais quatro anos. Morreu em 7 de abril, dez dias após completar 79 anos. Estava esquecido. Só era lembrado para voltar a falar sobre o "seu gol". E a cada pergunta, percebia que a pena que tinha a pagar nunca terminaria. Morreu com ela.

A absolvição pelas palavras de um garoto

O castigo de Barbosa sobreviveu à sua morte. Ele ainda é lembrado como alguém que falhou quando deveria ter sido perfeito. Mas em 13 de janeiro de 2010, o drama de Barbosa parece ter dado um passo rumo ao esquecimento.

O Botafogo, jogando pela Copa São Paulo de Juniores, torneio dedicado a garotos com menos de 19 anos, eliminou o São Carlos, na cobrança por pênaltis. Luís Guilherme, negro de 17 anos, defendeu três cobranças. Ainda comemorando, foi procurado por repórteres que lhe perguntaram se o seu ídolo era Taffarel ou Júlio César. A resposta foi surpreendente. "Respeito os dois, mas o meu ídolo é Barbosa.

Nunca o vi jogar, mas adorei a biografia dele. Ele sofreu muito e tenho certeza de que não falhou naquele gol."

Aquele gol. O gol de Ghiggia há 59 anos e seis meses estava sendo contestado por um goleiro de 17 anos, nove anos e nove meses após a morte de Barbosa. A pena terminou. O grande goleiro começa a descansar em paz.

Moacyr BARBOSA Nascimento
27/2/1921 – 7/4/2000

TÍTULOS	Vasco	Campeonato Carioca 1945, 1947, 1948, 1949, 1950, 1952, 1958
		Torneio Quadrangular do Rio de Janeiro 1953
		Torneio Rio-São Paulo 1958
		Campeonato Sul-americano 1948
		Torneio de Santiago do Chile 1953
	Seleção brasileira	Copa Roca 1945
		Copa Rio Branco 1947
		Campeonato Sul-americano 1949
		Copa Rio Branco 1950

OS 11
MAIORES
GOLEIROS DO
FUTEBOL
BRASILEIRO

Zagallo, que em 1950 era apenas um soldado trabalhando no final da Copa do Mundo, estava pronto, em 1958, para ganhar o seu primeiro título mundial com a seleção brasileira.

ENTREVISTA
ZAGALLO

> "Barbosa errou, mas não merecia ter ficado marcado como ficou."

O alagoano Mário Jorge Lobo Zagallo era apenas um soldado que estava na beirada do gramado e presenciou *in loco* a dura derrota do Brasil para o Uruguai, na final da Copa de 1950, quando pela primeira e única vez, um time jogava com a vantagem do empate para ser campeão.

Friaça fizera 1 a 0 para o Brasil e ninguém, em sã consciência, esperava que o Uruguai fosse virar aquela partida. Pois o improvável aconteceu e aquela fantástica geração de Jair Rosa Pinto, Zizinho, Ademir, Tesourinha, Bauer, Ipojucan e Barbosa ficou para sempre marcada.

A dor foi tão grande que o jovem *Zagalo* (ainda com um "l" só) foi um dos milhares que jurou mudar essa história um dia, ajudando o Brasil a conquistar um título mundial. Fez mais do que isso, sendo o único tetracampeão: dois como jogador (1958 e 1962), um como treinador (1970) e o último como coordenador técnico (1994). E ainda ostenta um vice-campeonato (1998) também como treinador.

Mas Zagallo jamais se esqueceu do *Maracanazo*, e mesmo achando que o grande Barbosa falhou no lance do fatídico gol de Ghiggia, considera um absurdo o peso que recaiu sobre o maior goleiro brasileiro dos anos 1940 e 1950, do grande Expresso da Vitória do Vasco, que conquistava um título atrás do outro e era a base daquela seleção.

Ponta-esquerda do América e Flamengo, Zagallo foi um dos primeiros a jogar como ponta recuado. E teve alguns duelos contra o maior goleiro daqueles tempos, quando enfrentava o Vasco.

Mário Jorge Lobo Zagallo também fala sobre o polêmico episódio de 1994, quando Barbosa foi convidado para conhecer Taffarel, titular do Brasil naquele time que disputaria o Mundial, encontro que acabou sendo adiado. Barbosa ficou muito triste com o ocorrido, dizendo que achavam que ele ainda era "pé-frio e que daria azar ao arqueiro titular da seleção brasileira".

Quando conheceu Barbosa?
Em 1946, 47. Eu era juvenil do América, tinha 15 ou 16 anos. Os garotos como eu, que eram de outros times, sonhavam um dia em enfrentar o Barbosa, no Vasco. Os garotos do Vasco queriam estar ao lado dele. Era o grande goleiro do Rio e isso durou até a Copa do Mundo. Depois que o Brasil perdeu, ele passou a ser contestado como o melhor, mas ainda era considerado um grande goleiro.

Quais eram os concorrentes de Barbosa?
O Castilho era muito bom, mas existia um consenso de que Barbosa merecia ser o titular, até porque o Vasco vencia tudo. Nunca ouvi alguém discordando disso, nunca ouvi alguém pedir que ele fosse para a reserva ou ficasse fora da convocação. A camisa 1 era dele, era incontestável.

Como era o estilo dele?
O Barbosa era um goleiro discreto e de muita colocação. Tinha muita força nas pernas e grande impulsão. Quando subia, fazia defesas firmes e bonitas, e tinha até um certo malabarismo no modo como agarrava a bola, mas não era de fazer pontes. Nos anos 1960, o América do Rio tinha um goleiro que fazia muitas pontes. Voava de um lado para outro no gol. Por isso, tinha o apelido de Constelattion, que era o nome de um avião da época. O nome dele era Pompéia. O Barbosa nunca foi assim, de fazer coisas espalhafatosas, mas tinha muita agilidade e passava muita segurança.

Em 1950, o Vasco tinha o apelido de Expresso da Vitória, por ser a base da seleção. O Barbosa era o goleiro. Ele estava à altura do time ou era favorecido por estar entre tantos craques?
De jeito nenhum! Ele era um dos astros do Expresso. O Vasco ganhava de todo mundo, atacava bastante, tinha jogadores sensacionais, mas o Barbosa não ficava atrás, não. Era uma estrela. Era um timaço, dava gosto de ver jogar!

O senhor foi tricampeão pelo Flamengo em 1953/54/55. Era difícil encarar o Barbosa no gol do Vasco?
Era sim, foram grandes jogos. O Vasco já não tinha aquela equipe formidável dos tempos do Expresso, mas eram jogos de imensa rivalidade. E ele sempre foi muito difícil de ser batido.

Como foi o gol do Ghiggia?
Os gols daquele dia, você quer dizer. Eu estava no Maracanã, trabalhando no policiamento. Tinha 19 anos e estava no Exército. E me lembro muito bem dos gols, jamais esquecerei. No primeiro, ele não teve culpa nenhuma. O Ghiggia foi até a linha de fundo e cruzou para trás. O Schiaffino, que era um grande jogador, atuou até no Milan [entre os anos de 1954 e 1960, marcando 60 gols], acertou um belo chute e marcou. No segundo, o Barbosa, infelizmente, errou.

Falhou como? Foi um frango?
Não. Frango é uma palavra dura para o que aconteceu, mas não dá para negar que foi uma falha. Um goleiro daquele nível, em uma final de Copa do Mundo não poderia se dar ao luxo de cometer um erro como ele cometeu. É triste dizer isso, mas é a verdade.

E qual foi o erro?
Após sofrer o primeiro gol, ele achou que o Ghiggia poderia repetir o lance e deu um passo para a direita para esperar o cruzamento, temendo a repetição do lance que gerou o empate do Uruguai. Então, o Ghiggia o surpreendeu e chutou direto para o gol, no canto esquerdo dele. Só que não foi um chute muito forte. Dava para o Barbosa ter pegado. Pulou no canto esquerdo e não deu para ele, a bola entrou, por centímetros. Foi culpa dele, sim, mas não merecia ficar marcado como aconteceu. Foi uma falha que qualquer goleiro está arriscado a ter. Um lance de jogo.

O choque da derrota foi muito forte?
Foi. Muito forte. O Brasil tinha a certeza de que ganharia o Mundial. Não havia ninguém que pensasse o contrário. O povo já estava comemorando antecipadamente. Além do mais, pela única vez em uma Copa do Mundo, um time tinha vantagem na final. Era uma diferença muito grande e a nosso favor. Tínhamos goleado Espanha e Suécia na fase anterior e podíamos empatar contra o Uruguai, que fazia uma campanha boa, mas não como a nossa. E todo mundo teve de achar uma desculpa e um bode expiatório.
O Uruguai era um time bom, tinha qualidades, mas o nosso time era bem melhor e tinha vantagem importante. Foi uma frustração muito grande e a culpa caiu sobre ele. Ele não merecia isso.

O fato de ele ser negro aumentou a culpa?
Olha, eu não acho que teve alguma coisa de racismo nisso, como dizem até hoje. Não teve porque o Barbosa sempre foi respeitado pelo grande goleiro que era e foi. Ninguém o perseguiu por racismo. O que houve mesmo foi essa mágoa toda pela perda do título que era considerado certo. Mas essa história que consideravam os jogadores negros inferiores aos brancos até aparecer o Pelé, não é verdade. Pelo menos não foi isso que marcou o Barbosa. Foi o erro da final. Nada mais.

Por quanto tempo isso continuou?
Não sei, é difícil explicar. São duas coisas diferentes. Sempre ficou uma mágoa do povo com ele, uma situação mal explicada por causa daquela derrota. Mas o Barbosa continuou jogando bem. Voltou para a seleção, foi um jogo só, é verdade, mas voltou. Continuou muito bem no Vasco, todo mundo aplaudia ele, mas ficava no ar uma mágoa, uma decepção. É como se o Barbosa tivesse traído a confiança que todo mundo colocava nele e é injusto, porque todo mundo tem o direito de errar. Só que ele errou na final da Copa do Mundo, no Brasil, quando o Brasil tinha vantagem. Foi muita infelicidade.

Por que em 1994, vocês da seleção não deixaram ele se encontrar com o Taffarel na concentração?
Não foi nada contra ele, isso é uma grande bobagem, outra lenda. Havia uma ordem para que ninguém subisse porque não queríamos perturbar o descanso e a concentração dos jogadores. Todos tinham de obedecer, sem exceção. Mas o Barbosa foi muito bem tratado por todos. Eu mesmo desci para conversar com ele, batemos um papo, falamos dos velhos tempos, mas as ordens tinham de ser seguidas. Imagina se teria uma discriminação dessas com um grande ídolo do passado!

CAPÍTULO 2

CASTILHO

Elegante e obsessivo pelo trabalho, o maior da história do Fluminense obrigava colegas a treinar e amputou um dedo para voltar a jogar. Tinha fama de homem de sorte, mas cometeu suicídio.

Carlos José Castilho tinha a elegância de um diplomata. E trabalhava duro como um operário. Fora de campo, era comum vê-lo de terno e gravata, mais calado do que falante, com poucos sorrisos. Recebeu de Didi, grande craque do Botafogo, o apelido de Boris Karloff, ator especializado em filmes de terror. Nunca perdoou a brincadeira.

Debaixo dos três paus, era obsessivo. Considerava o ato de sofrer um gol como uma derrota pessoal. E como sabia ser impossível evitar todos os gols, fazia de tudo para adiá-los, pouco se importando com a estética da jogada.

Defendia com as mãos, com os pés, com o peito. Não era o goleiro das pontes. Era aquele que pulava nos pés dos atacantes como um cão de guarda que enfrenta o assaltante.

Por 19 anos, foi goleiro do Fluminense. Foram 699 jogos. Nunca alguém vestiu aquela camisa por mais vezes. Por quatro Copas, defendeu o Brasil, uma como titular e três como reserva.

Nasceu em 27 de fevereiro de 1927. Tinha a fama de ter a sorte sempre ao seu lado. E, em 2 de fevereiro de 1987, voou – como quase nunca fez em campo – da janela do apartamento da ex-mulher, cometendo suicídio aos 59 anos.

Amigo das traves e dono da leiteria

O jornalista Teixeira Heizer, que acompanhou a carreira de Castilho, conta uma história sobre seu estilo de jogo:

– Otávio era atacante do Botafogo e, em um jogo no Maracanã, se viu frente a frente com Castilho. Em vez de chutar forte, deu um tapa na bola. Castilho pegou. Foi então que Ondino Vieira, técnico do Botafogo, deu uma bronca enorme no atacante. E Otávio, com a cabeça baixa, disse "parecia que ele já estava vencido", e Ondino ficou mais bravo ainda e respondeu "Castilho nunca está vencido, Castilho nunca desiste, vê se aprende".

Por lances como esses, ganhou a fama de ser um homem de sorte. E o apelido de Leiteria, que merece uma explicação, pelo superlativo que carrega. Nos anos 1950, um leiteiro carioca ganhou a Loteria de São João. Chegou o Natal, arriscou a sorte novamente e ganhou uma vez mais. Então, "leiteiro" passou a ser sinônimo de sortudo.

Mas Castilho, que nunca foi premiado pela loteria, mostrava, em campo, jogando futebol, mais sorte do que o leiteiro com números. E passou a ser chamado de dono da leiteria. Principalmente pelo número de vezes em que era salvo pelas traves. "Era impressionante. Havia jogos em que três, quatro bolas batiam na trave. Mas tinha muito a ver com colocação. E trabalho. O Castilho trabalhava muito. Treinava muito", conta o jornalista João Máximo.

A chegada ao Fluminense, em janeiro de 1946, não causou expectativa e não foi motivo de festa. Nada mais natural. Era um jogador desconhecido, de 18 anos e que teve ainda, na busca de holofotes e espaço nos jornais, a concorrência de Ademir Menezes, o Queixada.

O Rio, naquele ano, só comentava a decisão de Ademir, que resolvera trocar o Vasco, seu clube desde 1942, pelo Fluminense. Ademir foi um pedido do treinador Gentil Cardoso. "Me deem Ademir que eu lhes darei o título", foi a frase que ficou na história. Juntamente com o Campeonato Carioca, mostrando que a promessa de Gentil foi muito bem paga.

Ademir tinha a carreira dirigida por Antonio Rodrigues de Menezes, seu pai, chamado de Coronel Menezes. Ele era intermediário na vinda de muitos jogadores do Nordeste para o Rio. Um deles era o atacante Renato, que jogava no Olaria. Dois anos antes, em 1944, Renato apresentou ao Coronel Menezes o seu amigo Carlinhos, goleiro que fazia sucesso em clubes como Ravioli, de Olaria, e Tupã, de Braz de Pina, ambos da zona Norte.

Carlinhos era Castilho. Pediu uma chance ao velho Menezes e ele o levou para o Olaria. A influência do pai de Ademir não foi o suficiente para que Castilho tivesse alguma oportunidade. Ficou dois anos treinando, sem nenhuma participação em jogos oficiais.

Três dias de testes antes da contratação

No Fluminense, seria diferente. Não se sabe se por desconfiança ou excesso de profissionalismo, Gentil Cardoso submeteu o novo goleiro a três dias de testes. Em uma época sem preparadores de goleiros, ele mesmo trabalhou duro com Castilho. Chutes fortes e colocados, rasteiros e no alto, saídas do gol, cobranças de escanteio: Gentil analisou tudo. E gostou do que viu.

Mandou que o garoto passasse na secretaria do clube no dia seguinte. Castilho se surpreendeu ao ver o seu primeiro contrato profissional pronto para receber a sua assinatura. Que não demorou um minuto a ser feita.

Gentil teria dito a conselheiros que o clube estava contratando o novo Batatais. E buscar um substituto para Algisto Lorenzato, o Batatais, era uma obsessão para os dirigentes. Uma lenda do clube, estava se aposentando, após ganhar o tricampeonato carioca 1936-38 e o bi de 1940-41, além de haver sido o titular do Brasil na Copa de 1938.

Com a saída de Batatais, criou-se um vácuo de confiança no gol do Flu. Quem assumiu a vaga foi Robertinho, e Castilho ficou na reserva dos aspirantes. Fez sua primeira partida em 6 de outubro, nove meses após sua chegada no clube. Comandou um time misto que enfrentou o Fluminense de Pouso Alegre, no interior de Minas Gerais. O Flu carioca venceu por 4 a 0 e Castilho defendeu um pênalti.

No ano seguinte, foi vice-campeão dos aspirantes. E na primeira partida do segundo turno do Campeonato Carioca de 1947, contra o Madureira, passou a ser, próximo dos 20 anos, o titular do Fluminense. Começou seu caminho para a história.

Foi o goleiro revelação de 1947 e na temporada seguinte ganhou seu primeiro título. O Fluminense, surpreendentemente, venceu o Vasco de Barbosa e de Ademir (que havia retornado ao seu time de coração) e faturou o Torneio Municipal, que antecedia o Campeonato Carioca.

Com Píndaro e Pinheiro, um trio inesquecível

No ano seguinte, o Fluminense renovou o time e Castilho passou a jogar com os zagueiros Píndaro e Pinheiro, formando um trio que se tornaria inesquecível na história do clube. Com eles, o Fluminense sempre tinha a defesa menos vazada do campeonato.

Em 1950, os dois estavam na seleção. Castilho estreou em 7 de maio, com uma vitória por 2 a 0 sobre o Paraguai, no estádio de São Januário, pela Taça Osvaldo Cruz. No dia 13, empate por 3 a 3 no Pacaembu, contra o mesmo Paraguai.

A Copa, Castilho viu do banco de reservas, sem entrar um minuto sequer. Acompanhou de perto o drama que se abateu sobre o amigo Barbosa, a quem sempre defendeu.

Para curar a tristeza pela perda da Copa, a seleção ficou sem jogar por todo o ano de 1951. E em 1952, tinha um novo titular: Castilho, escolha embasada pelo perfeito Campeonato Carioca de 1951, quando o Fluminense era treinado por Zezé Moreira, que montou um time forte na defesa e promoveu o acesso de jovens como Telê e Didi. Como recompensa pelo título, Zezé Moreira chegou à seleção. E convocou o seu goleiro, é lógico.

Ele sabia que Castilho havia sido um dos grandes responsáveis pela conquista do Campeonato Carioca. Foi aí que nasceu o apelido que marcou aquela geração.

– Por seu estilo defensivo, o Fluminense era chamado de "timinho" e o Vasco, que dominava o futebol carioca, era o Expresso da Vitória. Essa era a diferença entre Castilho e Barbosa: o goleiro do timinho era muito atacado, tinha de aparecer a todo momento, e o goleiro do Expresso da Vitória tinha de estar atento para as poucas bolas que chegavam ao seu gol – conta o jornalista João Máximo.

O timinho foi campeão carioca

E o timinho venceu. Ganhou 16 partidas, nove delas sem sofrer gols. Na disputa do título contra o Bangu, melhor ataque da temporada, Castilho não foi vazado. O Flu ganhou por 1 a 0 e 2 a 0 e comemorou o campeonato.

Em 6 de abril de 1952, o Brasil estreou no Campeonato Pan-americano, que se disputava no Chile. Castilho não teve trabalho na vitória por 2 a 0 sobre o México.

– Ele fez um campeonato irrepreensível. Pegou tudo e só levou dois gols contra o Uruguai. Sua maior atuação foi contra o Peru, quando o Brasil empatou por 0 a 0, de maneira injusta. Se não fosse Castilho, os peruanos venceriam – lembra Teixeira Heizer.

Zezé Moreira recorreu, em entrevista à revista *Manchete Esportiva*, a adjetivos dramáticos para definir a cabeçada que Castilho defendeu contra os peruanos:

– Tivemos, quase no fim da batalha o susto supremo. É que, cara a cara com Castilho, Valeriano Lopes, atacante peruano, de indomável agressividade, dá uma pavorosa cabeçada, quase mortal. Castilho dá uma demonstração de classe, segurança, agilidade e clarividência. Apanha a bola sem largar.

Depois do empate, a goleada de 5 a 0 sobre o Panamá, a vitória por 4 a 2 sobre o Uruguai (o primeiro encontro após a final de 1950) e um incontestável 3 a 0 sobre os anfitriões, em 20 de abril, garantiram à seleção o seu primeiro título conquistado fora do Brasil. O presidente Getúlio Vargas entregou ao técnico e aos jogadores a medalha de ouro de Honra ao Mérito. Castilho, além disso, ganhou o apelido de Cortina Metálica.

O ano de 1952 traria ainda mais glórias ao goleiro de 24 anos. Ele comandaria o Fluminense na conquista da segunda edição da Copa Rio. A competição, criada no ano anterior pelo jornalista Mário Filho, serviu para afastar as tristes lembranças da Copa do Mundo. Reunia equipes internacionais e teve o Palmeiras como campeão.

No ano seguinte, foram oito concorrentes, divididos em dois grupos. O Fluminense, campeão carioca, jogou no Rio, e o Corinthians, campeão paulista, em São Paulo. Na primeira partida, contra o Sporting de Lisboa, Castilho pegou um pênalti e garantiu o empate por 0 a 0. Depois, foram vitórias contra Grasshopper, da Suíça (1 a 0) e Peñarol (3 a 0). Na semifinal, o Austria Viena foi derrotado por 1 a 0 e 5 a 2. A final brasileira determinou o título para o Fluminense, com vitória por 2 a 0 e empate de 2 a 2.

Mesmo com bursite, pegou o pênalti de Ademir

No Campeonato Carioca, o Flu não conseguiu o bi, mas ele passou a ser chamado de São Castilho. Pudera, defendeu seis pênaltis na competição. Um deles ficou na história do futebol carioca.

João Máximo é quem conta.

– Naquele tempo, era comum os jogadores frequentarem o Cineac Trianon, cinema que ficava na Avenida Rio Branco, no mesmo prédio da Federação Carioca e da sede do Vasco. Em uma segunda-feira, o Castilho e Ademir se encontraram. Com muitas dores no ombro direito, devido a uma bursite, Castilho disse que estava em dúvida se jogaria o clássico do domingo seguinte, entre os dois times.

Mas ele se recuperou e foi para o jogo. No segundo tempo, teve um pênalti contra o Fluminense. Imediatamente, Ademir, que não era o cobrador oficial, pegou a bola para bater. Chutou no canto esquerdo de Castilho, apostando que, por causa da bursite, o goleiro não teria agilidade para chegar na bola. Castilho defendeu. E perguntou a Ademir: "você acha mesmo que eu iria esquecer da nossa conversa?".

Em 1953, a seleção brasileira fez apenas sete jogos, todos pelo Campeonato Sul-americano. Castilho foi o titular em seis deles, cedendo o lugar apenas para Barbosa, que fez sua última partida pelo Brasil. Sofreu nove gols, mas não carregou a "culpa" pelo vice-campeonato.

Em julho, Castilho casou-se com Vilma de Souza Lopes. Viveriam juntos por 30 anos, até a separação, que não impediu a continuidade da amizade. Foi no apartamento de Vilma que Castilho optou por morrer, em 1987.

No ano seguinte ao Campeonato Sul-americano, uma queda em acidente caseiro afetou o joelho direito de Castilho e o tirou das Eliminatórias da Copa. O goleiro era Veludo, seu reserva no Fluminense. E os dois foram convocados para a Copa da Suíça.

Titular indiscutível na Copa da Suíça

Castilho era o titular, sem dúvida. Sem contestação. Esteve muito bem na goleada por 5 a 0 sobre o México e no empate (com direito a prorrogação) por 1 a 1 com a Iugoslávia.

Esse jogo foi a primeira mostra de como dirigentes e jogadores estavam despreparados. Ninguém sabia que o empate classificaria os dois times. Os iugoslavos faziam sinais aos brasileiros, tentavam falar em inglês e não eram entendidos. No final do jogo, uma tristeza imensa tomou conta dos jogadores. Achavam que estavam eliminados.

Jô Soares sabia que não. Então um garoto de 16 anos que estudava na Suíça, assistiu aos jogos da Copa. Foi cumprimentar os jogadores pela classificação e recebeu uma bronca geral. A tristeza se transformou em alegria algumas horas depois, quando os dirigentes trouxeram a notícia da classificação. E, logo em seguida, virou apreensão. Quem seria o adversário nas quartas de final?

Ninguém queria jogar com a Hungria, campeã olímpica de 1952, um verdadeiro time de sonhos e que, em seus primeiros jogos, havia vencido a Alemanha por 8 a 3 e a Coreia por 9 a 0.

Em 1978, Castilho relembrou a expectativa pelo sorteio.

– Estávamos inquietos em relação ao sorteio que indicaria o adversário para o dia 27, nas quartas de final. E se fosse a Hungria? Na volta de Berna, onde todo o comando tinha ido assistir ao sorteio, só Zezé Moreira, meio pálido, meio nervoso, se atreveu a nos falar. Com a voz embargada, enrugou a testa e soltou. "É a Hungria mesmo". Quase caí da poltrona. Daquele momento até o dia 27 de junho, os nomes dos jogadores húngaros dançavam de boca em boca. Zezé Moreira tentava dar moral ao grupo, inutilmente. Alguns jogadores nem dormiam. Um deles, na noite em que antecedeu ao jogo, comeu pasta de dente para ter disenteria e não ser escalado.

A insinuação de Castilho recai sobre os atacantes Baltazar, Pinga e Rodrigues, que foram titulares nas duas primeiras partidas e deram lugar a Índio, Humberto e Maurinho, respectivamente.

Os húngaros assustavam, como Castilho deixou claro em seu depoimento. Enquanto os outros times trocavam de roupa, eles já estavam em campo, fazendo aquecimento e minicoletivos. Estavam muito mais avançados em questões de preparação física e, muito por causa disso, sempre faziam dois gols antes de 15 minutos de jogo.

Derrota anunciada contra a máquina húngara

Foi assim com o Brasil. Aos quatro minutos, Pinheiro, companheiro de Castilho no Fluminense, tentou repetir uma jogada costumeira no Maracanã. Saiu driblando da área. A bola escapou um pouco e o atacante Hidegkuti antecipou-se, chutando a gol. Castilho rebateu e saltou novamente nos pés de Kocsis, que se preparava para marcar. Rebateu corajosamente e Hidegkuti fez o primeiro gol. Aos sete minutos, Kocsis, de cabeça, pegou Castilho no contrapé e marcou o segundo, mandando a bola no canto esquerdo.

A seleção reagiu e Djalma Santos, cobrando um pênalti sofrido por Índio, diminuiu. No intervalo, Zezé Moreira, o treinador, pediu que Didi lançasse o ponta Julinho, que estava jogando muito bem. O Brasil pressionou, mas Pinheiro cometeu pênalti, colocando a mão na bola dentro da área. Lantos marcou, aos 15 minutos. Aos 20, Julinho, com um chute cruzado, diminuiu. O jogo tornou-se muito disputado, mas aos 43 do segundo tempo, Kocsis, de fora da área, fez o último gol.

O Brasil, agora sim, estava eliminado.

Após a Copa, começaram a aparecer, aqui e ali, teorias a respeito da existência de dois Castilhos: o do Fluminense, uma muralha intransponível, baseada em colocação, liderança, coragem e muita sorte, e o Castilho da seleção brasileira, nervoso e inseguro.

– Essa história de tremedeira apareceu com o Mário Filho, que era o grande jornalista esportivo da época. Sua palavra tinha grande peso, influenciava jovens como eu, mas isso não significa que estivesse sempre certo – diz João Máximo.

E Mário Filho, às vésperas da Copa de 1958, falava ainda da carestia de goleiros no Brasil. Mesmo os melhores, segundo ele, tremiam.

– Isso tudo do Mário era exagero. O Castilho era ótimo. Uma vez, ele me disse que a obrigação do goleiro era defender todas as bolas possíveis e só deixar entrar as impossíveis. Só que a sua análise era muito rigorosa. Considerava possíveis – e pegava – bolas que todos os outros goleiros considerariam impossíveis – explica o jornalista Luís Mendes.

Para o jornalista Paulo Planet Buarque, que fazia parte da delegação brasileira na Copa de 1954, Castilho não tremeu:

– Ele, como todos os outros jogadores, foi vítima de um discurso exagerado, errado e totalmente fora de hora, feito por João Lyra, chefe da delegação brasileira. Ele disse que os jogadores deveriam jogar se lembrando dos pracinhas brasileiros que morreram durante a Segunda Guerra Mundial, que havia terminado nove anos antes. Criou um clima de guerra que atrapalhou um jogo de futebol.

A capa do jornal *Última Hora* de 26 de junho de 1954 comprova isso: "Façam milagre, mas vençam os húngaros" era a manchete, reproduzindo o pedido ordem de João Lyra Filho.

E o interessante em tudo isso é que brasileiros e húngaros lutaram do mesmo lado na Segunda Guerra, contra o nazismo de Hitler. Mas, em 1954, já se vivia os tempos da Guerra Fria e os húngaros eram chamados de comunistas e por isso precisavam ser derrotados. Em 1956, quem falou e escreveu tanta bobagem, deve ter se arrependido quando vários jogadores húngaros, inclusive o genial Puskas, abandonaram o Honved, time base da seleção, que excursionava pela Europa. Sentiam-se oprimidos pelo comunismo.

Uma sutil acusação de racismo

Mas o estrago estava feito. E quem mais sofreu foi Castilho, que ficou com a fama de tremer na seleção, e os jogadores negros que, de maneira velada, foram acusados de não terem espírito de seleção. É o que diz um editorial do jornal *O Estado de S. Paulo* de 6 de junho de 1954.

> Mas a mesma franqueza que nos leva a reconhecer o empenho de cada um de nossos jogadores naquele embate, convence-nos de que alguma coisa faltou, alguma coisa que, em forma de desequilíbrio de nervos, não lhes permitia aliar ao seu desejo de vitória uma atuação firme, eficiente e produtiva. Confessamos não poder fixar aqui, para não avançarmos em terreno estranho e perigoso, as causas, talvez raciais, talvez morais, talvez sentimentais que possam ter influído em tal estado de coisas.

O Fluminense praticamente não contou com Castilho em 1955, vítima de nova contusão no joelho. Pela seleção, atuou contra o Chile, dia 18 de setembro, no empate por 1 a 1, quando o Brasil foi representado por uma seleção carioca. No dia 20, em São Paulo, com a vitória por 2 a 1, uma seleção paulista garantiu o título da Taça Bernardo O'Higgins. O goleiro era Gilmar. A fase de Castilho como titular da seleção estava terminando.

No Fluminense, ele continuava a ser inquestionável. E estava prestes a trocar de status. Deixaria de ser ídolo para ser mito. E nem foi por atuações seguras que ajudaram o time a ganhar o Rio-São Paulo pela primeira vez. Foi por uma operação.

Um dedo amputado por amor ao clube

Castilho tinha um problema crônico no dedo mínimo da mão esquerda, que o tirava de muitos jogos. Estava aborrecido com isso e, em conversas com o médico Newton Paes Barreto, soube que a recuperação demoraria muito.

Decidiu, então, que amputaria o dedo. A negativa inicial de Paes Barreto foi vencida pela intransigência de Castilho. Em pouco tempo, estava de volta aos campos. Era sempre o último a se aprontar. Além de chuteiras, calção, o uniforme completo, enfim, gastava tempo preparando um falso dedo mínimo, com esparadrapo e algodão. E passou a usar luvas em todos os jogos.

Quando começa a decadência de um grande jogador? Após cinco ou dez anos como titular? São perguntas para outros jogadores. Castilho nunca teria uma decadência. E começou a mostrar isso em 1957, aos 29 anos, quando iniciaria sua 11ª temporada como titular.

Foi campeão do Rio-São Paulo em 1957 e campeão carioca em 1959, quando o Fluminense, novamente dirigido por Zezé Moreira, voltou a ser o time de defesa intransponível e ataque de pouca força. O time ganhou 17 jogos, empatou quatro e perdeu apenas um. Das 22 partidas, o time ficou 15 sem sofrer gols. Foram apenas nove. E três deles no empate por 3 a 3, quando o título já estava garantido.

Entre 1957 e 1959, a Copa do Mundo da Suécia. A terceira de Castilho, a segunda como reserva. A opção de Vicente Feola por Gilmar é considerada por jornalistas cariocas, até hoje, como uma das grandes injustiças da história da seleção brasileira. E não apenas por uma questão técnica. Mas, principalmente, por estar, em grande parte, calcada na tese dos "dois Castilhos". A versão teria vencido os fatos.

Vítima de Mané e reserva de Gilmar

Também pesou o fato de Castilho ter sido uma das vítimas de Mané Garrincha. Foi em 22 de dezembro de 1957, quando Botafogo e Fluminense se enfrentaram na última rodada do Campeonato Carioca. Bastava um empate para que o time de Castilho fosse campeão, graças a uma campanha praticamente irretocável. E, além disso, o retrospecto favorecia o Flu. No primeiro turno, vitória por 2 a 0, com Castilho defendendo um pênalti de Didi, seu ex-companheiro de time, até 1955.

João Saldanha, técnico do Botafogo, apostou alto em Garrincha para pulverizar o favoritismo do adversário. Mandou que Didi lançasse todas as bolas para Mané e que os outros jogadores fossem para a área esperar os cruzamentos que viriam. O Botafogo ganhou por 6 a 2, em uma partida excepcional de Garrincha. Castilho foi culpado por dois gols. E também ganhou força a tese de que Gilmar deveria ser o titular na seleção.

A goleada serviu, porém, para que Castilho recebesse um aval de honestidade. Explica-se: em 1955, o Fluminense, com Veludo no gol, fora derrotado por 6 a 1 pelo Flamengo. E o goleiro foi acusado por torcedores e dirigentes de haver "vendido" o jogo. Afastado, nunca mais jogou pelo Fluminense.

E antes que algum boato surgisse contra Castilho, o dirigente Benício Ferreira Filho, do Fluminense, tratou de afastá-los:

— Castilho pode até engolir um peru argentino, como se diz, que a gente sabe que foi mesmo um frango ou um peru argentino. Não há dúvida. E isso é um descanso, um repouso d'alma.

A volta da Leiteria

Em 1958, Castilho estava no auge. Pelo menos era essa a interpretação de Nelson Rodrigues, que comemorou a volta da Leiteira aos gramados.

— A leiteria! Vale a pena traçar aqui, sinteticamente, o seu resumo biográfico. Abriu as portas, pela primeira vez, em 1951. De repente, os adversários começaram a perceber que o Fluminense jogava não somente com classe, somente com técnica. Castilho era bom, era ótimo, era formidável. Mas um arqueiro tem os limites da condição humana. Ora, Castilho fazia defesas sobrenaturais. E todo mundo começou, por trás do arqueiro, a ver a influência extraterrena da leiteria. Numa amar-

Castilho, o maior goleiro da história do Fluminense, disputou quatro Copas do Mundo, de 1950 a 1962, sendo titular no Mundial de 1954, na Suíça.

gura medonha, o inimigo rosnava que Castilho era o leiteiro. O fato é que o Fluminense tornou-se gloriosamente o campeão de 1951.

Vítima de Garrincha e vítima também de Pelé. Em abril de 1961, o Rei driblou vários jogadores do Fluminense e marcou um golaço, que foi eternizado com uma placa no Maracanã, por iniciativa do jornalista Joelmir Betting. Nasceu aí a expressão "gol de placa".

No ano seguinte, a diretoria do Fluminense dispensou Telê e Pinheiro. E reformou o contrato de Castilho apenas em março. O time foi muito mal no Rio-São Paulo, ficando em último lugar. Mesmo assim, Castilho, novamente na reserva de Gilmar, disputou sua quarta Copa do Mundo, no Chile, em 1962.

Vice-campeão carioca em 1963, Castilho conquistaria seu último título, pelo Fluminense, no campeonato seguinte. Era um time renovado, com Carlos Alberto Torres na lateral-direita, Denílson como volante e Amoroso no ataque. Comandado por Elba de Pádua Lima, o Tim, conseguiu 17 vitórias, além de empatar cinco vezes e sofrer quatro derrotas no Campeonato Carioca. Castilho esteve em 25 das 26 partidas. Sofreu apenas 17 gols. Aos 37 anos, foi a sua despedida.

Com ele, o Paysandu venceu o Peñarol

Transferiu-se para o Paysandu e ganhou o título paraense. E, desde a estreia, em 18 de julho, mostrou que seu nome ficaria na história do clube. O Papão enfrentou, em amistoso internacional, o forte Peñarol (de Pedro Rocha, Forlán, Joya e Spencer) e venceu por 3 a 1. O mesmo placar com que os uruguaios haviam derrotado o Fluminense na semana anterior.

Após um período de descanso de um ano, Castilho voltou a Belém e ao Paysandu, agora como técnico. Foi campeão paraense em 1967 e 1969. Começou assim a carreira de treinador. Foi tricampeão do Mato Grosso com o Operário de Campo Grande, de 1976 a 1978, levando o time ao terceiro lugar do Campeonato Brasileiro de 1977. Foi campeão paulista em 1984, pelo Santos, e em 1986 foi trabalhar na Arábia Saudita, não escondendo de ninguém certa mágoa por não haver dirigido o Fluminense.

Um último salto o levou para a morte

Castilho estava casado com Evelyna, sua segunda esposa. Em dezembro de 1986, ele voltou ao Brasil, após o final da Copa da Ásia, na Coreia. Evelyna havia voltado em novembro. No aeroporto de Seul, Castilho encontrou-se com Jorge Vitório, técnico de Oman. Estava animado e marcou um encontro com o amigo para fevereiro, no Rio. Antes disso, Jorge não poderia viajar.

Em casa, após encontrar-se com Evelyna, Castilho passou a sentir dores constantes na cabeça. Fez exames tomográficos que nada apontaram. As dores, agora acompanhadas de crises de choro, continuaram. Evelyna recomendou um tratamento psicológico, que Castilho recusou. Ele, que teria tendência à depressão, segundo jornais relataram na época, tinha muito medo de câncer, a doença que matou sua mãe, quando ainda era um garoto de 13 anos.

Foi assim, assustado, que ligou para Evelyna no dia 1 de fevereiro. Ninguém sabe o teor da conversa. No dia seguinte, Castilho saiu do Recreio dos Bandeirantes, onde morava, e foi até Bonsucesso visitar Vilma, a primeira mulher, com quem, mesmo após a separação, manteve laços de amizade. Conversou por poucos minutos e voou para a morte.

Nunca se soube o motivo do último ato de Castilho. Depressão?

Essa era a opinião de Telê Santana, um de seus colegas de time e amigo por toda a vida.

– Ele foi o maior goleiro que eu vi jogar. Acho que se matou porque havia brigado com a mulher e precisava voltar para a Arábia Saudita para continuar a carreira de técnico. E a vida lá é muito triste. Ele, que teve uma carreira tão bonita, não aguentou – disse em 1992.

Seu amigo Pinheiro, que teve contato com ele nessa época, tem uma lembrança diferente. Ele se lembra de um Castilho otimista em seus últimos dias, preparando a viagem de volta à Arábia. Para ele, nunca houve suicídio.

Ficam então o mistério e a incerteza sobre a morte do grande goleiro.

Carlos José CASTILHO
27/11/1927 – 2/2/1987

TÍTULOS	Fluminense	Campeonato Carioca 1951, 1959, 1964
		Copa Rio 1952
		Torneio Rio-São Paulo 1957, 1960
	Seleção brasileira	Taça Osvaldo Cruz 1950
		Campeonato Pan-americano 1952
		Taça Bernardo O'Higgins 1955
		Copa do Mundo 1958, 1962

Pinheiro, à esquerda, brinca com Edmílson e Castilho, que foi seu parceiro no Fluminense durante a maior parte da carreira. Estiveram juntos no Mundial de 1954.

ENTREVISTA
PINHEIRO

> "Castilho foi o maior
> de todos e tenho
> certeza de que
> não cometeu suicídio."

Nos anos 1950, quando ainda se jogava no 2-3-5, a escalação das equipes era anunciada com os três nomes que formavam a primeira linha (goleiro e zagueiros), seguida pela segunda linha de três (dois laterais e um volante) e os cinco atacantes. Agrupados assim, houve trios que se tornaram célebres e que são lembrados até hoje. Castilho, Píndaro e Pinheiro foi um deles.

Era o início do "timinho" que ganhou o Campeonato Carioca de 1951. O Fluminense, longe dos craques do Vasco, baseou seu time em uma defesa firme, que começava com um goleiro excepcional e se completava com um zagueiro duro e outro bem mais técnico. Este era João Carlos Batista Pinheiro, que veio do Americano, no qual havia jogado como meia, para acompanhar um amigo que fazia teste no Fluminense. Ganhou uma chance, mostrou qualidades e ficou por mais de uma década ao lado dos amigos e companheiros de defesa.

Pinheiro e Castilho estiveram juntos em várias convocações da seleção brasileira. Estavam no time que foi eliminado pela Hungria, na Copa de 1954. Pinheiro, cinco anos mais novo do que Castilho, tem memória exemplar.

Como conheceu Castilho?
Eu cheguei no Fluminense em 1948, com 16 anos. Ele estava lá desde 1945. Tinha sido titular no ano anterior e estava ganhando a posição do Tarzan, um goleiro gaúcho que tinha vindo

do Flamengo. Logo ficamos amigos. Quando virei titular, nossa formação inicial tinha Castilho, Píndaro e Pinheiro. Como eu tinha nariz grande, fiquei com apelido de Tromba ou de Elefante. O Píndaro era o Galo, porque gostava de frequentar brigas de galo. E o Castilho, que era muito forte, tinha o apelido de Touro. Touro, Galo e Elefante, que bela escalação....

Como ele era?
Uma pessoa reservada e de grande caráter. Não brincava muito com os outros, era um pouco calado, mas merecia toda a confiança.
Era um trabalhador. Um dia, chegamos ao Fluminense e tinha caído uma chuva imensa. O campo estava todo molhado. Eu já fiquei todo contente porque não ia ter treino. Então, vejo o Castilho, com um rodo e um balde, secando o campo. Não acreditei. Perguntei se ele estava louco e ele respondeu que a chuva tinha passado e que, como o sol ainda não tinha voltado, a gente teria a temperatura ideal para treinar. Ninguém falou mais nada e foi todo mundo secar o campo junto com ele.

E como goleiro?
Essa é fácil. Um fora de série. O melhor do Rio, o melhor do Brasil, quiçá do mundo. Nunca vi um goleiro como Castilho.

Como era o estilo dele?
Era um goleiro muito simples. Não complicava as jogadas. Se uma bola estava complicada, ele nem se arriscava a defender. Já mandava para escanteio. Fazia isso quantas vezes fosse preciso, porque dizia que com o tempo, a cobrança de escanteio ia ser cada vez pior.

Como era na saída de gol?
Vou te dar um exemplo. Ele me chamou para conversar e disse uma coisa que pareceu uma loucura. Falou que se tivesse bola cruzada na área, era para eu dar uns passos para trás e ficar no gol. Não entendi nada e falei que não aceitava. Ele respondeu que bola na área pequena

era responsabilidade dele e que não queria ser atrapalhado. E nunca vi tomar um gol assim. Pegava tudo ou então mandava para escanteio.

E quando ele ficava frente a frente com o atacante?
Aí, era impressionante. Os goleiros de hoje vão no pé do atacante e fazem pênalti. Castilho nunca fez um pênalti. Ele cercava o atacante e ia diminuindo o espaço dele. Aí, quando o cara chutava, ele pegava. Quando não dava certo, aí então ele pulava visando a bola, sem fazer falta. Nunca teve medo. Era um goleiro muito arrojado.

Ele não falhava então? Não é exagero?
Olha, é difícil explicar o futebol daquele tempo. Todo mundo sabia jogar e fazia coisas que a gente conta e as pessoas não acreditam. Você pode acreditar. Castilho nunca levou um frango na vida. Ele era muito inteligente, estudava os adversários. Agora, ele levava alguns gols de fora da área. Sabe quando o cara não consegue entrar na defesa e chuta de longe? Faz o que ninguém espera? Aí, o Castilho podia ser surpreendido. Mas quando o atacante fazia o normal, ele defendia.

Qual foi o melhor momento dele?
Ele fez a carreira toda em um nível bom, mas em 1951 foi demais. O Brasil tinha perdido a Copa e estava aquela ressaca toda. Foi o primeiro Campeonato Carioca realizado no Maracanã. E ele ganhou o título para nós. Não passava nada naquele ano. Além de estar muito bem, a sorte começou a ajudar o Castilho. Aliás, nem sei se era sorte ou se era colocação. A sorte ajuda quem trabalha, mas a verdade é que muita bola batia na trave e voltava para a mão dele. Parecia um ímã.

O Fluminense era chamado de timinho? Por quê?
Era o nosso apelido, mas muito injusto. Você já viu um timinho dar quatro jogadores para a seleção brasileira? Pois, é. Castilho, eu, Didi e Orlando Pingo de Ouro fomos convocados. O Bigode tinha jogado a Copa de 1950. Time que tinha o Didi pode ser timinho? O que

acontece é que havia outros grandes times, como o Vasco, que foi a base de 1950. E o nosso time era muito atacado pelos adversários. Era um time muito bem montado, com o Telê na ponta-direita. Ele recuava para ajudar na marcação. Então, de repente, a gente saía da nossa área para a área do adversário. Todas as peças se encaixavam, mas quando dava tudo errado o Castilho garantia.

Era uma garantia?
Olha, vou dar um exemplo. Naquele tempo, quando um zagueiro era driblado, a situação complicava muito porque não tinha muita gente na defesa. Era pouca cobertura. E quase sempre saía gol. Mas no Fluminense não. Se alguém passava por mim ou pelo Píndaro, ainda tinha uma grande chance, mais de 70%, do gol não sair. O Castilho salvava.

O senhor tem algum exemplo?
Nem vou falar do Fluminense. Vou falar do Pan-americano de 1952. Nós jogamos contra o Peru, que tinha um time muito bom. Eles jogaram o tempo todo em cima da gente e o Castilho segurou a onda. Foi 0 a 0 por causa dele.

Mas na Copa da Suíça, ele falhou contra a Hungria?
De jeito nenhum. Ele fez uma Copa boa, levou os gols que não dava para segurar. Falhou nada. O pessoal fala essas coisas por causa dos 4 a 2 que levamos da Hungria, sempre buscam um culpado.

E como foi o jogo contra eles?
Bem, para começar, a Hungria era um time muito bom. E eles estavam mais adiantados do que a gente em preparo físico e em material esportivo. As travas das chuteiras deles eram de atarraxar e não machucavam o pé. A nossa era ajustada com prego. Doía bem. Antes do jogo, eles faziam uma pelada no campo, aqueciam por 15 minutos. A gente, não. Dava um passe aqui, outro ali e ia para o jogo. Então, os caras entravam a mil. E marcando pressão. Foi um Deus nos acuda. Falaram que eu falhei também, mas só fiz o que sabia.

Como assim?
Nunca fui de dar chutão. Sabia sair jogando. Eu era do estilo de Mauro Ramos de Oliveira e não do Bellini. Então, estava no sufoco, fui sair com a bola, o cara chutou para o gol. Castilho rebateu, a bola foi para outro húngaro e Castilho caiu no pé dele. Rebateu. No terceiro chute, a bola entrou. Pode dizer que isso é falha?

Muita gente fala que o Castilho perdeu o lugar para Gilmar em 1958 porque era muito nervoso.
Mentira. Primeiro, porque o Gilmar era muito bom. Um goleiro ótimo. Eu preferia Castilho, mas o Gilmar era bom. Ninguém pode negar. Ninguém precisaria inventar que o Castilho era nervoso, bastava dizer que o Gilmar era melhor. Eu digo "inventar" porque é invenção mesmo. O Castilho ia ficar nervoso por quê? Era goleiro do Fluminense, tinha jogado na Copa, qual o motivo para nervosismo?

O que o senhor sabe da morte dele?
Eu tenho certeza de que não foi suicídio. Não tenho prova nenhuma, mas ninguém me tira isso da cabeça. Ele era um cara amigo, tranquilo e não iria se matar. Quando ele morreu, eu treinava o América. Naquele dia, ele me telefonou de manhã para marcar um jantar de despedida para a Arábia Saudita, onde trabalhava. Me chamou, chamou o Telê, tudo gente que era amiga e que tinha trabalhado por lá. Estava tudo combinado. Então cheguei para dar o treino no América. A turma foi para campo, eu estava indo e me disseram que tinha um telefonema para mim. Falei que não ia atender porque iria atrasar o treino. Então, insistiram, disseram que era urgente. Antes não tivesse ido atender. Quase caí para trás quando me falaram que o Castilho tinha morrido. Comecei duvidando, disse que tinha falado com ele. Confirmaram, me deram detalhes e só então eu acreditei. Foi o treino mais triste que eu dei na minha carreira.

CAPÍTULO 3   **GILMAR**

Alto e elegante,
transformou-se em ídolo
de muitas torcidas,
após ser campeão mundial
com a seleção brasileira.
Antes disso, porém,
precisou superar a rejeição
inicial do Santos e a suspeita
nunca comprovada
de haver aceitado
um suborno.

De um lado as adversidades: foi rejeitado pelo Santos, sem direito a um único treino. Foi escorraçado do Corinthians, sob suspeita de haver entregue um jogo. De outro, as glórias: foi campeão do IV Centenário, foi bicampeão da Libertadores e bicampeão mundial interclubes. Jogou três Copas e foi bicampeão mundial com a seleção brasileira.

Lutar contra o destino que lhe reservava apenas um lugar de coadjuvante na história do futebol brasileiro foi apenas um dos feitos de Gilmar dos Santos Neves, batizado como Gylmar, com "y", e imortalizado como Gilmar, com "i" mesmo. Para muitos, o maior goleiro de todos os tempos.

Mesmo superando tantas adversidades, Gilmar nunca foi chamado de infalível. Mas, quem, realmente, é infalível? Não era o goleiro que nunca errava. Era o goleiro que mais rapidamente se recuperava do erro. Por se saber um homem comum, levantava a cabeça, transmitia tranquilidade e ia à luta. Depois de uma falha, de um frango, uma certeza tomava conta do estádio: Gilmar estava pronto para a próxima. E seria mais difícil batê-lo a partir de então.

– Pode parecer exagero, mas quando o jogo estava muito duro, no fundinho eu ficava torcendo para o Gilmar levar um gol. Aí, ficava a certeza de que iria fechar tudo lá atrás e que a gente iria virar o jogo. O Girafa era muito bom, o melhor que eu conheci – conta Lima, seu companheiro de Santos.

Alto e elegante, ganhou apelido de Girafa

Girafa. O apelido chegou de forma natural. Não se sabe quem o criou. Mas os motivos são evidentes. Alto, era difícil um goleiro de 1,81m nos anos 1950 – e Gilmar tinha essa altura desde 15 anos – e esguio, o garoto se destacava nas peladas em Santos. Achou que fosse o suficiente para conseguir um lugar no maior time da cidade.

Não foi. Pelo menos, não em 1946 quando procurou Athiê Jorge Cury e pediu uma chance para treinar. Foi recusado. Só jogaria no Santos a partir de 1962, transformando-se no primeiro nome de uma escalação mágica, conhecido em todo o mundo.

Mas essa é outra história. Antes, ele passou por momentos de glória e desespero. Continuou sonhando em jogar futebol e como não foi possível no Santos, foi atuar no Portuários, time das docas. Dali, chegou ao Jabaquara, através de Papa, um descobridor de talentos. Em 1950, quando o treinador era o argentino Armando Renganeschi, fez sua primeira partida como profissional.

A saída do Jabaquara para o Corinthians assumiu ares de lenda urbana. A diretoria teria oferecido o seu jovem goleiro para que o Corinthians accitasse pagar o que era pedido pelo volante Ciciá. Difícil de acreditar pelo que os dois fizeram no novo clube. Gilmar foi ídolo e jogou 395 partidas. Ciciá atuou apenas duas vezes e foi emprestado a clubes menores.

Mas é difícil acreditar também que a contratação se concretizou não pelo que Gilmar faria, mas pelo que já havia feito. E o que ele já havia feito? Foi o goleiro mais vazado do Campeonato Paulista de 1950, com 42 gols em 18 jogos, responderiam os céticos. Mas, mesmo com tantos gols, mesmo em um time rebaixado, já era possível ver que havia um bom futuro para aquele goleiro.

Goleiro mais vazado e revelação em 1950

A revista *Mundo Esportivo* o considerou a maior novidade do ano:

> Dentre as grandes revelações do ano, pontificando talvez como a maior está Gilmar. Colocação, golpe de vista, coragem, são seus principais atributos,

levando-nos a crer que terá futuro como defensor de um clube com maiores possibilidades que o Jabaquara.

Com elogios assim, é muito mais plausível pensar que o presidente do Corinthians, Alfredo Ignácio Trindade, tenha exigido a presença de Gilmar para que aceitasse pagar o que o Jabaquara pedia por Ciciá.

O jovem goleiro logo mostrou qualidades e colocou Cabeção na reserva. A vida dos dois estaria unida por dez anos, através de uma grande rivalidade e companheirismo. Cabeção era bom goleiro e disputou a Copa de 1954, na Suíça, como reserva de Castilho, do Fluminense. A vaga naquela Copa já poderia ser de Gilmar, mas o melhor ponta-direita do Brasil naquela primeira metade de década não deixou.

Júlio Botelho, o Julinho, está em todas as seleções do melhor Palmeiras de todos os tempos. E também da Portuguesa, time que defendia, aos 22 anos, em 1951. Julinho era grande e a Portuguesa também. Basta dizer três de seus jogadores – Djalma Santos, um dos maiores laterais da história do Brasil, o volante Brandãozinho e Julinho, é claro – foram titulares na Copa de 1954.

E naquele 25 de novembro de 1951, Julinho estava realmente endiabrado. Mostrou o repertório que o deixaria famoso na Portuguesa, no Palmeiras, na Fiorentina e seleção brasileira. Fez quatro gols na vitória por 7 a 3 sobre o Corinthians de Gilmar.

O aposentado Dario Unzelte, pai do jornalista Celso Unzelte, estava no jogo. "Sou corintiano e me lembro muito bem do jogo. Posso garantir que o Gilmar não foi o único culpado pela derrota. O time todo foi mal."

O jornalista Alberto Helena Jr. vai mais além. "Também vi o jogo. Tenho certeza de que se não fosse Gilmar, o Corinthians perderia de mais. Ele fez uma partida excelente."

Marcelo Neves, filho do goleiro, só nasceria 12 anos depois. Como apaixonado pela carreira do pai, pesquisou muito e chegou a uma conclusão sobre o jogo que marcou a vida futebolística de Gilmar.

"Acho que ele falhou em três gols, mas fez muitas defesas importantes. O Corinthians estava mal e poderia ter levado dez gols, sem dúvida."

Como um goleiro que toma sete gols pode ter feito uma boa partida? A memória afetiva de jornalistas e admiradores pode falhar mas, decididamente, não é o que aconteceu nesse caso. A edição de 27 de novembro de 1951 de *O Estado de S. Paulo* chega a colocar Gilmar entre os melhores do jogo. "No quadro vencedor todos se portaram bem, mas Julinho foi o melhor. Na turma vencida, Idário, Touguinha, Gilmar, Cláudio e Carbone foram os que mais se destacaram."

Goleada e acusação de entregar o jogo

Na análise do jogo, o jornal não cita falhas de Gilmar. Toda a culpa da goleada recai sobre o beque Murilo.

> Percebendo que o zagueiro Murilo não possuía a rapidez necessária para marcar a linha atacante, os companheiros de Nininho iniciaram por esse setor perigosos ataques e Julinho, que conseguia burlar a marcação do zagueiro mineiro, punha em polvorosa o reduto defendido por Gilmar.

Na descrição do último gol da Portuguesa, Murilo é novamente crucificado.

> Voltou a Portuguesa a atacar constantemente a área corintiana e o ponteiro luso aproveitou bem mais um descuido de Murilo para vencer Gilmar pela última vez. Pelo exposto, malogrou inteiramente a defesa corintiana, notadamente o zagueiro direito, sendo ela a maior responsável pela elevada contagem...

Murilo não era nenhum perna de pau. Mineiro, é considerado um dos grandes nomes da história do Atlético. E defendeu o Corinthians por 136 partidas, o que demonstra uma carreira sólida.

Para a revista *Corinthians*, não havia dúvidas sobre o culpado. O comentário dizia o seguinte:

> Os nossos leitores, naturalmente, querem saber porque o Corinthians sofreu este revés. Estão esperando, mesmo, com grande ansiedade a nossa palavra. E ela

aqui está. O Corinthians perdeu, primeiramente, pela péssima atuação de Gilmar. Esteve, o arqueiro corintiano, numa tarde completamente irreconhecível. Numa tarde incrível, deixando passar bolas de fácil defesa. Se Gilmar tivesse atuado dentro de suas reais possibilidades, a partida tomaria outro rumo, não tenham dúvidas. Gilmar, sem dúvida alguma, foi o principal causador dessa derrota.

A diretoria corintiana teve entendimento semelhante ao da revista. E o presidente Wadih Helou tomou a atitude mais fácil. Afastou Gilmar, que foi obrigado a conviver com insinuações sobre "entrega do jogo". Por toda a vida sofreu com isso.

– Foi a maior tristeza da vida de meu pai. Ele carregou isso por muito tempo. Dizia para mim e para a minha mãe, que nunca duvidamos dele, que até a Portuguesa quis ficar com o seu passe. Ora, se ele estivesse vendido, quem comprou não aceitaria a sua presença. Mas nada adiantou. Demorou para dar a volta por cima – diz Marcelo.

Gilmar foi encostado. Perdeu a posição para Cabeção e não foi considerado mais nem para a reserva. O posto ficou com Bino. Treinava separado dos outros. Seu nome não era mais falado, não aparecia nos jornais. Um morto-vivo.

Tinha chance de chegar à seleção, mas nem treinava mais no clube. No Pan-americano do ano seguinte, foram convocados Castilho e Cabeção, com quem disputava posição no Corinthians. A luta com Castilho, que poderia ocorrer em 1952, foi adiada para 1956.

Na Europa, o recomeço

Gilmar começou a recuperar-se a partir da convocação de Cabeção. Bino estava machucado, o time não tinha um goleiro confiável e não tinha quem escalar para a excursão que faria à Europa. E Gilmar foi chamado. Fez do limão a limonada. Encarou a série de 16 jogos como a possibilidade de ressurreição. Jogou muito bem, defendeu pênaltis e ajudou na conquista de 12 vitórias. Houve ainda três empates e uma derrota.

Voltou com novo status. E, o mais importante, com a dignidade restaurada.

Passou a revezar-se com Cabeção no gol do Corinthians. O técnico era José Agneli, o Rato, que trocava de goleiro a cada dois jogos. Mesmo assim, com pouca exposição, Gilmar foi convocado pela primeira vez para a seleção brasileira, que disputaria o Sul-americano do Peru, em 1953. Além dele, foram chamados Castilho e Barbosa, que se recuperava do drama de 1950.

No primeiro jogo, vitória por 8 a 1 sobre a Bolívia. Castilho foi o titular. O primeiro tempo terminou 6 a 0 e Gilmar entrou no segundo, quando Castilho se contundiu. Sofreu o gol boliviano, mas defendeu um pênalti. O segundo jogo, uma vitória por 2 a 0 marcou a despedida de Barbosa. E Castilho voltou ao time, até o final do campeonato. Ainda em 1953, Gilmar foi um dos destaques da seleção paulista, que ganhou o título brasileiro, contra o Rio.

"Com esse monstro debaixo da trave, não há Cristo que ganhe", disse Nilton Santos, lateral-esquerdo da seleção carioca.

Após o Sul-americano, os três goleiros se contundiram. Gilmar deslocou o ombro e ficou oito meses sem jogar. Nas Eliminatórias para a Copa, o goleiro titular foi Veludo, que era reserva de Castilho no Fluminense. E na Copa, foram Cabeção e Castilho.

Grande chance veio com Oswaldo Brandão

Após a Copa, Cabeção voltou e encontrou um Gilmar recuperado, pronto a lutar pela posição. Como havia sido titular na disputa do Rio-São Paulo, Cabeção saiu na frente na briga. Gilmar parecia destinado à reserva, mas teve o apoio de Oswaldo Brandão, o novo técnico do time. O mesmo que dirigia a Portuguesa no 7 a 3, fatídico para Gilmar.

Místico e uma pessoa que apostava sempre no bom relacionamento com os jogadores, Brandão resolveu dar a Gilmar a chance de voltar ao time titular. Muito mais do que isso. Queria apagar de vez a mancha que teimava em voltar a cada lance ruim do goleiro. Se pudesse, Brandão terminaria de uma vez por todas com tudo de ruim que a goleada daquele 25 de novembro de 1951 havia trazido a Gilmar.

– Era a sexta rodada do Campeonato Paulista e o Corinthians iria enfrentar novamente a Portuguesa. Brandão chamou meu pai e disse que ele seria titular. Só isso. Não precisou falar mais nada. Ficou entendido que era a chance do velho. Ele defendeu muito e, apesar da derrota por 1 a 0, foi o melhor em campo. Saiu aplaudido e com a honra lavada – conta Marcelo.

E como titular. Revoltado, Cabeção pediu para ser vendido. Foi para o Bangu. E Gilmar teve aberto o caminho para ser o campeão do IV Centenário, título decidido no início de 1955.

"Ele acabou com o Palmeiras. Meu time seria o campeão, mas o Gilmar impediu", conta Oberdan Cattani, mítico goleiro do Palmeiras, já com 90 anos, e primeiro ídolo de Gilmar. "Fico contente quando ele fala que foi meu fã porque ele foi muito bom. Foi um dos grandes do Brasil."

Começa o duelo com Castilho

Sem desconfianças, sem contusões, sem Cabeção e com o título do IV Centenário, Gilmar, enfim, teve condições de travar o seu duelo com Castilho, o herói do Fluminense, reserva de Barbosa em 1950 e titular na Copa da Suíça. E a luta começou, em 1955, com empate. O Brasil disputaria a Taça O'Higgins com o Chile e a Taça Osvaldo Cruz com o Paraguai. Ambas, em duas partidas. Uma no Rio e outra em São Paulo. No Rio, uma seleção carioca. E em São Paulo, uma seleção paulista. Gilmar jogou as duas. Castilho, apenas uma. Na outra, contra o Paraguai, o lugar foi de Veludo, seu reserva no Fluminense.

No ano seguinte, Oswaldo Brandão foi escolhido para dirigir uma seleção paulista que representaria o Brasil no Sul-Americano de Montevidéu. Gilmar foi o titular e atuou bem, apesar da derrota por 4 a 1 para o Chile. O Uruguai foi campeão e o Brasil terminou em quarto lugar. Manteve o posto com Flávio Costa em uma excursão à Europa, com três vitórias, dois empates e duas derrotas. Teve uma atuação excepcional na derrota por 4 a 2 para a Inglaterra em Wembley. Defendeu dois pênaltis.

Em 1957, Gilmar não foi bem no Campeonato Sul-Americano. A derrota mais contestada foi contra o Uruguai, que fez 3 a 0 em poucos minutos. O Brasil recuperou-se, mas perdeu por 3 a 2. Gilmar foi chamado de "vedete" por Mário Filho, que passou a defender Castilho na seleção. No texto, a seguir, escrito em fevereiro de 1958, quando se discutia quem seria o titular na Copa do Mundo, é possível ver que o jornalista não acreditava em goleiro algum.

> O Brasil está sem arqueiros. Pelo menos, não há nenhum que convença inteiramente ou que deixe a gente descansado... Gilmar, enquanto está perto de vencer, é uma barreira. Dá gosto vê-lo jogar, elegante, fino, quase um bailarino no gol. Mas se vem a dúvida, o adversário crescendo em campo, uma bola no fundo das redes basta para liquidá-lo. Aí é uma vedete numa crise de nervos. Em Lima, em 57, contra o Uruguai, foi aquilo que se viu. Entraram gols que não tinham a menor pretensão, que eram centros, que eram passes, e que eram chutes para ele defender em pose cinematográfica.

"Precisa ver se ele falou alguma coisa desse nível depois de 1957", ironiza Marcelo Neves.

Contra o São Paulo, foi bom de briga

Também em 1957 o Corinthians perdeu o título paulista para o São Paulo, e Gilmar mostrou que sabia muito bem deixar toda a elegância de lado ao se ver diante de alguma brincadeira que considerasse de mau gosto. Foi assim com o ponta Maurinho, que marcou o terceiro gol da vitória por 3 a 1 em uma cobrança de pênalti e passou a mão na cabeça de Gilmar. Teve de correr muito para não apanhar.

Em um ano de pouco sucesso, houve o que comemorar. O Brasil conseguiu a vaga para a Copa do ano seguinte, com um empate por 1 a 1 em Lima e uma vitória por 1 a 0 no Maracanã sobre o Peru.

No ano seguinte; a glória. Gilmar conquistaria o mundo e Rachel.

Galã, se casa escondido do sogro bravo

Rachel Izar estava prometida pelo pai, o bravo Nagib, a se casar com alguém da colônia libanesa. O sonho de seu Nagib começou a ruir quando Rachel conheceu aquele que era considerado um dos mais bonitos jogadores do Brasil. Foi em 1958, quando ambos passavam férias em Águas de Lindoia. O goleiro ficou amigo de Ricardo e Roberto, irmãos de Rachel, e o namoro começou. Quando resolveram se casar, Nagib disse que nunca aceitaria entregar a filha a um esportista. E, em 1960, Rachel, com a ajuda dos irmãos e da mãe, saiu de casa escondida, para se casar quatro dias depois. Gilmar já era um campeão do mundo. Não adiantou. Apenas em 1971, quando já tinha dois netos, é que o patriarca aceitou o casamento. Dois meses depois, morreu.

"Eles lutaram muito para ficar juntos. Naquele tempo, jogador de futebol tinha fama muito ruim", conta o filho, Marcelo. E Gilmar, além de jogador, tinha fama de conquistador. "Sempre a gente ouvia falar que o Gilmar estava namorando uma ou outra vedete de teatro de revista, mas ele nunca confirmou", diz Pepe, companheiro de Santos.

Marcelo Neves ri ao lembrar que a fama de bonito de nada adiantou na passagem do Brasil pela Suécia. "Ele, Mauro e Bellini eram os jogadores que tinham mais sucesso com as mulheres, mas na Copa, as suecas só se interessaram pelos negros, como Pelé e Garrincha. Era novidade."

Conquistar Rachel foi bem mais difícil do que a Copa do Mundo. Na Suécia, o Brasil venceu a Áustria (3 a 0), empatou com a Inglaterra (0 a 0), venceu a União Soviética (2 a 0) e País de Gales (1 a 0). Gilmar seria vazado apenas nos dois jogos finais. Duas goleadas por 5 a 2 contra França e Suécia, que garantiram o título.

O Brasil mostrou ao mundo que estava se curando das feridas de 1950, quando perdeu para o Uruguai em casa. Mostrou ao mundo a elegância de Didi, considerado o melhor jogador do Mundial, a impossibilidade física de Garrincha (as duas pernas tortas) que zombava dos diferentes tipos de marcação (cobertura, antecipação ou pancada) que tentavam brecá-lo, e mostrou que também tinha goleiro. Gilmar nada ficou devendo ao russo Lev Yashin, que chegou ao Mundial com a fama de melhor goleiro do mundo. Fama que vinha também do medo que o comunismo trazia às pessoas.

No ano anterior, a União Soviética assombrara o mundo ao lançar o Sputinik, primeiro satélite artificial da Terra. Um grande avanço científico, o primeiro gol na corrida espacial travada com os Estados Unidos. E falava-se também em futebol científico dos soviéticos, e do Aranha Negra (Yashin) invencível. Nada se confirmou e, no confronto contra o Brasil, o que se viu foi um baile de Garrincha. Foram tantos dribles que, com certeza, os marcadores devem ter pensado em como seria bom estar a bordo do Sputnik e não ali, na Suécia, enfrentando aquele monstro de pernas tortas. Perderam por 2 a 0 e foi pouco.

Um ídolo de todas as torcidas

O Brasil ganhara um goleiro de nível internacional. Ele era um ídolo e não apenas dos corintianos. Todo garoto que jogava no gol sonhava em ser um Gilmar. Muitos garotos receberam o seu nome. Um deles foi o gaúcho Gilmar Luís Rinaldi, reserva de Taffarel na Copa de 1994.

"Meu pai morava no Sul, mas era fã de Gilmar e me deu o nome dele", comenta o goleiro nascido em 1959.

Gilmar, o velho, era um dos jogadores mais bem pagos do país e começou a lançar moda. Abandonou as joelheiras e cotoveleiras, que todos usavam, em busca de maior facilidade de movimentação. E foi esse goleiro de nível internacional, quase um superstar, que o Corinthians perdeu, em virtude de uma negociação muito mal conduzida. Começou com um pedido de folga de Gilmar – possivelmente para se encontrar com Rachel – após a volta da Copa. Cláudio Cristóvão de Pinho, seu ex-companheiro de time e que na época treinava a equipe, não concordou. Gilmar cedeu.

Em seguida, sofreu uma lesão no ombro. Ficou sem jogar por seis meses. E viu Cabeção, novamente ele, que retornara ao time, assumir o posto de titular. Na volta, já em 1960, teve uma atuação muito contestada diante do Jabaquara, que venceu, em São Paulo, por 3 a 2. A torcida ofendeu o ídolo, chamando-o de frangueiro. E, como havia feito em 1957 com Maurinho, o grande goleiro perdeu a cabeça. Foi para a briga. Fraturou um dedo da mão e novamente ficou sem jogar.

No ano seguinte, nem se Gilmar, Castilho e o russo Yashin estivessem juntos, o Corinthians teria salvação. O time era tão ruim que recebeu o apelido de "faz me rir", nome de um bolero cantado por Edith Veiga. Em 11 jogos do Campeonato Paulista, foram sete derrotas, duas vitórias e dois empates.

Uma das derrotas foi de goleada. Um 5 a 1 contra o Santos. Após o jogo, Gilmar disse que sentia muitas dores no cotovelo e que precisava ser operado. Os médicos do clube disseram que ele estava muito bem. E Wadhi Helou, avalizando a opinião dos médicos, chegou à conclusão de que Gilmar buscava motivos para deixar o clube.

– Essa foi a última palhaçada que fizeram com o meu pai. Como ele estaria mentindo e forçando uma contusão, se ele operou o cotovelo? Procurou o médico particular e pagou do próprio bolso. Alguém vai fazer uma operação sem necessidade? – pergunta um irritado Marcelo.

Força nos pés, agilidade, mãos firmes e cara de poucos amigos, Gilmar faz uma de tantas defesas de sua carreira.

Não houve volta. Gilmar não jogou mais no Corinthians. Foi para o Santos, que pagou muito dinheiro pelo seu passe. O Peñarol, do Uruguai, também fez uma boa oferta, mas o goleiro preferiu ficar no Brasil. A diretoria alvinegra disse que ele só fez isso porque não queria que o Corinthians recebesse mais dinheiro por sua transferência.

"Besteira. Queria ficar com a família. Só isso", diz Marcelo Neves.

Um encontro para a história

A chegada de Gilmar ao Santos pode ser definida como o encontro do maior goleiro do Brasil com o time que, em pouco tempo, seria o melhor do mundo. Na verdade, já era. Faltava confirmar com um título internacional. E ele veio com Gilmar iniciando uma escalação que atravessou gerações e que continuará sendo declamada enquanto alguém ainda gostar de futebol: Gilmar, Mauro e Calvet; Lima, Zito e Dalmo; Dorval, Mengálvio, Coutinho, Pelé e Pepe.

No Santos, Gilmar não teve de conviver com a pressão da torcida exigindo títulos. Primeiro, porque a torcida santista é menor e menos exigente do que a corintiana. E, em segundo, porque, mesmo se tivesse o mesmo tamanho e a mesma impaciência, não teria do que reclamar. O Santos ganhava títulos com a mesma facilidade que uma criança rica e mimada ganha presentes dos pais. E ele, já veterano, pôde aumentar o seu currículo, deixando-o do tamanho de seu talento. Ganhou os títulos paulistas de 1962, 1964, 1965, 1967 e 1968. Um domínio total. Um heptacampeonato que não aconteceu por "culpa" do Palmeiras, que começava a montar a sua Academia, campeã em 1963 e 1966.

O time ganhou ainda o Torneio Rio-São Paulo, a mais forte competição interestadual do país, em 1963, 1964 e 1966. Os títulos de 1963 e 1966 preenchem os "buracos" feitos pelo Palmeiras. O Santos, então, ganhou sete títulos em sete anos?

Mais do que isso. Houve ainda as cerejas do bolo. Gilmar ainda comemorou o bicampeonato da Libertadores em 1962 (contra o Penãrol) e em 1963 (Boca Juniors), além dos dois títulos mundiais. Venceu o Benfica em 1962 e o Milan em 1963.

Tristeza na concentração

Em 1962, em nova Copa do Mundo, Gilmar uma vez mais teve atuação segura. Poderia não ser assim. Com saudades de Rachel e do filho Rogério, com 1 ano de idade, mostrava-se triste e arredio na concentração. Foi procurado por Paulo Machado de Carvalho, chefe da delegação, que, ao saber do motivo de tanta tristeza e alheamento nos treinos, permitiu que ele, através de um sistema de rádio amador, pudesse conversar diariamente com Rachel.

Valeu a pena. O Brasil venceu o México (2 a 0), empatou com a Tchecoslováquia (0 a 0), quando perdeu Pelé, por contusão, venceu, já com Amarildo no lugar do Rei, a Espanha (2 a 1), depois Inglaterra (3 a 1), Chile (4 a 2), e Tchecoslováquia (3 a 1). Gilmar completava 12 jogos em Copas do Mundo, com nove gols sofridos. E era considerado, ao lado de Schrojf, da Tchecoslováquia, como o melhor da competição.

Até o final de 1964, Gilmar reinou absoluto na seleção. Em Copas, foram 14 partidas. Em 5 de maio de 1963, a melhor delas. Com defesas impressionantes, ajudou o Brasil a vencer a Alemanha Ocidental, de craques como Schenellinger e Seeller, por 2 a 1, em Hamburgo. De junho de 1965 até julho de 1966, quando o Brasil estreou no Mundial da Inglaterra, a seleção principal fez 19 jogos. Manga, goleiro do Botafogo, fez dez jogos, Gilmar, sete, Valdir, do Palmeiras, um, e Fábio, do São Paulo, um.

Na estreia da Copa de 1966, contra a Bulgária, Gilmar era o goleiro. Vicente Feola apostou na experiência. E, juntamente com Gilmar, estavam companheiros do bicampeonato como Djalma Santos e Bellini, todos com mais de 35 anos, e Garrincha, já em final de carreira, vencido pela bebida. E havia Pelé, que sofreu violenta marcação dos portugueses no terceiro jogo. O Brasil venceu a Bulgária (2 a 0) e perdeu para Hungria e Portugal (3 a 1) sendo eliminado na primeira fase. Gilmar participou dos dois primeiros jogos. Os 14 jogos em

Copas do Mundo seriam superados apenas por Taffarel, que chegou a 18 partidas em 2002. Foram 12 gols sofridos.

Gilmar atuaria apenas duas vezes mais pela seleção. Em 1968, comandou uma seleção paulista, que, representando o Brasil, perdeu por 1 a 0 para o Paraguai, em Assunção. Em 12 de junho de 1969, foi chamado por João Saldanha para um amistoso contra a Inglaterra. Especulou-se que ele poderia disputar o Mundial de 1970, mas isso não se confirmou.

No final do ano, abandonou o futebol. Trabalhou em uma concessionária de automóveis. Em 16 de junho de 2000, sofreu um acidente vascular cerebral (AVC), conhecido popularmente por derrame cerebral, que lhe tirou 40% dos movimentos e prejudicou a fala. Vive com a mulher Rachel, no Guarujá, em um apartamento com vista para a praia de Pitangueiras. Também passa temporadas em Águas de Lindoia. Sempre que é reconhecido, conversa, com a ajuda da mulher, com os fãs. A memória está boa, mas há dificuldade na fala. Usa muito os gestos e as expressões do rosto para se comunicar. Tenta se fazer entender, com paciência. Só não faz questão disso quando é perguntado se torce para Corinthians ou Santos. Com um sorriso, explica que seu time de coração é preto e branco. Não deixa de ser uma defesa com classe, como tantas outras, para uma pergunta indiscreta.

GYLMAR dos Santos Neves
22/8/1930

TÍTULOS	Corinthians	Campeonato Paulista 1951, 1952, 1954
		Torneio Rio-São Paulo 1953, 1954
	Santos	Campeonato Paulista 1962, 1964, 1965, 1967, 1968
		Torneio Rio-São Paulo 1963, 1964, 1966
		Taça Brasil 1962, 1963, 1964, 1965
		Libertadores da América 1962, 1963
		Mundial Interclubes 1962, 1963
	Seleção brasileira	Taça Bernardo O'Higgins 1955, 1961
		Taça Osvaldo Cruz 1955, 1958, 1961, 1962, 1968
		Taça do Atlântico 1956, 1960
		Copa Roca 1957, 1960, 1963
		Copa do Mundo 1958, 1962

ENTREVISTA
PEPE

> "Era educado, mas também sabia brigar e, mesmo quando falhava, deixava o time tranquilo."

Nos tempos em que um time era escalado do goleiro ao ponta-esquerda, o temível Santos de Pelé começava com Gilmar e terminava com Pepe. Gilmar é um dos símbolos do futebol brasileiro bicampeão mundial, em 1958 e 1962 e, ao lado de Taffarel, titular absoluto em três Copas do Mundo – 1958, 1962 e 1966. Considerado um dos mais elegantes arqueiros da história, teve uma passagem marcante pelo Corinthians, mas se eternizou mesmo no grande time santista dos anos 1960, no qual conseguia ser uma estrela de primeira grandeza, mesmo atuando ao lado de Pelé, Coutinho, Dorval, Zito e Pepe.

E quem o viu jogar garante que foi o maior goleiro do país. E isso, quem revela é José Macia, o Pepe, o "maior artilheiro do Santos", segundo o próprio, "pois Pelé foi de outro planeta", como sempre gosta de brincar. Companheiros desde o início dos anos 1960 e amigos por quase cinco décadas, Pepe e Gilmar são símbolos de uma época de ouro e juntos conquistaram inúmeros títulos pelo Santos e seleção brasileira.

Gilmar era bom mesmo?
O melhor goleiro da história do Brasil. Calmo, tranquilo e elegante. Tinha elasticidade, mas não era o tipo de goleiro espalhafatoso, que faz grandes pontes e falha em um lance mais simples. Ele passava tranquilidade para a defesa. Era mais alto do que os goleiros da época e tinha muita presença de área. Sempre rebatia as bolas com força, usando as duas mãos ou então apenas a mão esquerda. Como era canhoto, não socava apenas com a mão direita.

E a reposição de bola?
Não era como os goleiros de hoje, que têm mais fundamentos nessa questão. Não soltava a bola com as mãos, por exemplo. Ele dava dois quiques na bola e chutava para a frente, com muita força. Muitos gols começaram assim.

Ele buscava algum jogador em especial?
Ah, não precisava. Onde ela caísse, tinha alguém que sabia o que fazer com ela. Nosso ataque era Dorval, Mengálvio, Coutinho, Pelé e eu. Não precisava escolher.

Era um jogador frio?
Ele falhava, como muitos goleiros, mas tinha a vantagem de se recompor rapidamente. Falava para a gente ficar tranquilo porque nada mais iria passar.

Mas o jornalista Mário Filho, do Rio, escreveu que Gilmar tremeu muito em 1957, no Campeonato Sul-americano de Lima. Principalmente contra o Uruguai.
Não é verdade. Posso garantir que não é verdade. Eu estava lá e fui escolhido como o melhor ponta-esquerda do campeonato. O técnico era o Oswaldo Brandão, que montou um ataque sensacional, que tinha Joel, Didi, Evaristo, Zizinho e eu. Foi a última vez que Zizinho e Didi jogaram juntos. Ganhamos de 9 a 0 da Colômbia e o Evaristo fez cinco gols. Foi um recorde. O time era muito bom e não se pode culpar o goleiro.

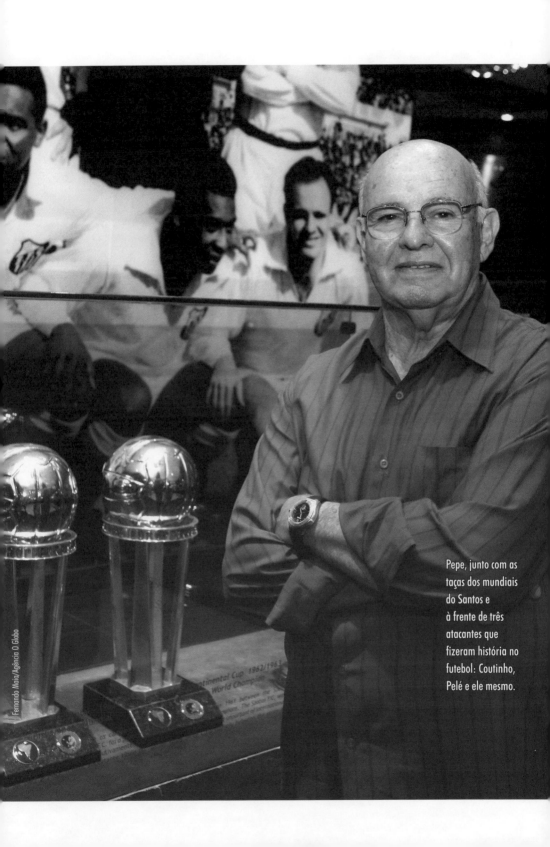

Pepe, junto com as taças dos mundiais do Santos e à frente de três atacantes que fizeram história no futebol: Coutinho, Pelé e ele mesmo.

Mas ele falhou no jogo contra o Uruguai?
Pode ter falhado, mas não foi o único. O Uruguai tinha um time muito bom e logo fez três gols. Nós reagimos, fomos atrás, marcamos duas vezes, mas não deu para empatar. Perdemos por 3 a 0 para a Argentina também. O time deles era ótimo. Tinha um ataque com Corbatta, Maschio, Angelillo, Sívori e Cruz. Só o Cruz não foi para a Europa.

Por que as críticas a Gilmar, então?
Acho que havia uma briga sobre quem era melhor, ele ou o Castilho, que era outro monstro. O Castilho foi titular na Copa de 1954 e em 1956, o Gilmar começou a tomar conta do lugar. Foi titular no Sul-americano e em uma excursão à Europa, quando o técnico era o Flávio Costa. Em 1957, como o Brandão era técnico de Gilmar no Corinthians, o Gilmar foi mantido no time. Se tivesse errado, teria saído. Ou então, o Feola não o colocaria como titular em 1958. Os dois eram os melhores. Eles se respeitavam muito.

Como conheceu Gilmar?
Meu sobrenome é Macia. Sou descendente de espanhóis e torcia para o Jabaquara, que foi fundado com o nome de Hespanha. Morava em São Vicente e ia, de ônibus, ver treinos do Jabaquara. E logo virei fã do Gilmar. Ele tem cinco anos a mais do que eu. Tinha 20 anos e era muito bom. Eu tinha 15 e gostava de vê-lo jogar.

Ele foi vendido de contrapeso do Ciciá para o Corinthians?
Eu não acredito nisso. Conheci o Ciciá, a gente pegava ônibus juntos. Ele era um bom volante, marcava muito bem e corria bastante. Mas não era um grande jogador. Eu acho que os dirigentes do Corinthians deram um jeito de o Gilmar entrar no negócio. Não foi à toa. Já conheciam o estilo dele, já viram que ele tinha futuro.

Como foi jogar ao lado dele?
O Gilmar chegou ao Santos em 1961. A gente estava em uma excursão na América Central e ele se integrou à delegação. O Gilmar estava muito magoado porque disseram que ele estava fazendo corpo mole para jogar. No começo dele no Corinthians já tinham falado que tinha entregue um jogo para a Lusa. Imagina, logo ele, um homem tão sério. Com a gente, logo houve uma integração e ele iniciou uma carreira muito boa no Santos.

Quem era o goleiro do Santos?
Era Laércio, muito bom. Um goleiro ótimo. O Santos contratou o Gilmar porque, além de bom, ele tinha grife. Era um jogador a mais da seleção brasileira no Santos. Já tinha Zito, Mauro, o ataque, quase todo mundo era da seleção. Com a chegada de mais um, a cota para excursão aumentava. A gente excursionava muito e o time resolveu arrecadar mais.

Fora de campo, como era?
Brincava com os outros jogadores, mas era mais sério do que a gente. Mantinha certa distância. Quando estava no ônibus que levava o time sempre ficava em um dos três primeiros bancos. Não era da turma da batucada. Era muito sereno.

Mas também tinha seus momentos de nervosismo?
Lógico, ele era um jogador de futebol, como a gente. Não era um lorde. Era educado, mas não era santo. Na final de 1957, contra o São Paulo, o Maurinho fez um gol no Gilmar, pegou a bola no fundo da rede e passou a mão na cabeça dele. Gilmar ficou maluco. Correu atrás dele o campo todo. Uma vez, no Corinthians, uns torcedores chamaram ele de frangueiro e o Gilmar foi para cima deles. Não dá para aguentar tudo, não é?

Quais foram as grandes partidas dele pelo Santos?
Eu me lembro de duas. A mais impressionante foi na final da Libertadores de 1963. Nós fomos enfrentar o Boca, na Bombonera. Aquele campo é um alçapão. A torcida grita o tempo todo e intimida os adversários. Além do mais, o campo estava molhado e com buracos. Acho que fizeram isso para acabar com o nosso toque de bola. O Boca foi para cima e dominou a gente no começo. Foi um massacre total. O Santos tem fama de time ofensivo, não tem? Pois a coisa estava tão feia, que eu recuei e fui jogar de lateral-esquerdo. O Dalmo, que era lateral, foi para o meio da zaga. Do outro lado, tivemos de fazer a mesma coisa. O Lima, que era lateral, foi para o meio, e o Dorval recuou, para ajudar na marcação. Nosso contra-ataque ficou reduzido ao Pelé e ao Coutinho. O Boca fez 1 a 0 e já deveria estar três ou quatro a zero. O Gilmar pegou tudo, fez miséria, impediu uma goleada. E a gente, pouco a pouco, virou o jogo para 2 a 1.

E a outra?
Foi contra o Benfica, em Lisboa, pelo Mundial Interclubes. O ataque deles era José Augusto, Torres, Coluna, Eusébio e Simões. Nós ganhamos por 5 a 2, depois de fazer 5 a 0. O Gilmar foi fundamental. Outra grande partida dele foi pela seleção, em 1962.

No Mundial?
Foi. No jogo contra a Espanha. Era um time muito bom, tinha o Puskas, naturalizado, e mais Adelardo, Peiró e Gento, no ataque. O Gento era um ponta muito bom. A gente estreou vencendo o México, empatamos com a Tchecoslováquia e fomos para o último jogo contra a Espanha. Se a gente perdesse, poderia ficar de fora. E o Pelé estava fora da Copa, por causa de uma contusão contra os tchecos. A Espanha fez 1 a 0 com o Adelardo. Estavam jogando mais do que a gente. Então, veio um cruzamento e pularam na bola, o Gilmar, o Mauro e o Adelardo. O Gilmar rebateu e caiu. A bola sobrou para o Peiró, que chutou com o gol aberto. Até hoje eu não sei como o Gilmar voou, do chão, para pegar aquela bola. Só sei que pegou.

E a Copa de 1966?
O Gilmar fez as duas primeiras partidas e depois, na última, entrou o Manga. Eu não estava naquela Copa, na ponta-esquerda levaram o Edu, que tinha 16 anos e o Paraná, que era um ponta-esquerda do São Paulo, muito valente. Então, não posso dizer como foi. Mas acho que erraram em apostar ainda na base de 1958, esquecendo que já tinha passado oito anos. Ficou um time mais velho. O Gilmar já estava com 36 anos. Djalma Santos, Bellini e Orlando também eram veteranos. Talvez eles devessem ter feito uma renovação mais antecipada. Mas o Gilmar, apesar do que aconteceu em 1966, sempre foi considerado um grande goleiro. Nós dois temos casa em Socorro, no interior de São Paulo. Quando ele está por lá, é fácil ver o carinho do povo, todo mundo vai abraçar, pede para fotografar. Ele foi grande. Foi mesmo o maior de todos.

CAPÍTULO 4

RAUL

Ele não precisou da seleção
para se consagrar
no futebol brasileiro.
Bastou ser o maior goleiro
da história dos gigantes
Cruzeiro e Flamengo.

"Eu sou um imortal do futebol brasileiro. Estou na história do nosso futebol e nem precisei da seleção para isso. Fui titular do Flamengo e do Cruzeiro e isso ninguém pode me tirar", diz Raul Guilherme Plassmann, desmistificando a tese de que, para ser grande, um jogador precisa ter tido uma trajetória de sucesso na seleção brasileira.

Foram apenas 11 jogos, entre 1975 e 1980. Cinco deles, com uma seleção mineira, que representou o Brasil na Copa América. Um timaço, que tinha Getúlio, Nelinho, Piazza, Reinaldo, Romeu e Roberto Batata, entre outros, mas não era uma verdadeira seleção. Entre os jogos seguintes, há adversários como a seleção de novos do Brasil e de Minas Gerais. E o Milan, quase uma seleção, mas um time.

Não é um currículo impressionante. Quem fizer análise baseado nele, chegará à conclusão de que Raul foi, no máximo, um bom goleiro. O problema, para os céticos, é que esse "bom goleiro" comemorou os títulos de duas Libertadores, um Mundial Interclubes e três Brasileiros.

Foi titular de dois grandes do futebol brasileiro. Não apenas isso. Foi titular do maior Flamengo de todos os tempos, de 1978 a 1983, vindo do maior Cruzeiro de todos os tempos, que defendeu de 1965 a 1978.

Raul não diz, mas poderia dizer, sem parecer arrogante, que a seleção é apenas um detalhe em sua vida. Foi um goleiro tão grande que não precisou dela para fazer história.

O começo nada original

Como tantos garotos que fazem do futebol a sua diversão, paixão e depois, profissão, Raul foi parar no gol por ser muito ruim na linha.

– Não tinha habilidade para jogar na frente e fui me especializando no gol. Jogava em Antonina, no Paraná, onde nasci, em chão duro, com gol feito por tijolos ou camisetas. Trave, para nós era um sonho. E posso te garantir que a cada defesa difícil, eu me sentia mais importante do que o presidente da República – lembra Raul.

E era se esfolando no chão e sonhando em um dia ser um "imortal", que Raul viu que aquela posição na qual nenhum garoto queria se aventurar poderia ser seu passaporte no futuro.

Seu nome começou a ser bem comentado e chegou ao Atlético Paranaense, ainda como júnior. Ele se profissionalizou no Coritiba, sem muito destaque. E, aos 20 anos, chegou ao São Paulo, o que se mostraria uma experiência dura e decepcionante.

O clube do Morumbi vivia dias difíceis, construindo o estádio Cícero Pompeu de Toledo e era praticamente um coadjuvante em competições. O time de futebol não merecia muita atenção dos diretores são-paulinos. Foi em uma equipe assim, sem muitas ambições, que Raul estreou, com o time goleando o Anápolis por 4 a 1 em partida amistosa realizada em Goiás. Depois, entrou em lugar do gaúcho Suli durante outro amistoso, vitória por 3 a 2 sobre o São José, em São José dos Campos. A mesma substituição foi feita no jogo contra o Botafogo, pelo Rio-São Paulo. O Tricolor perdeu por 5 a 0 e o técnico José Poy resolveu mudar.

O garoto Raul teve sua chance. Foi titular no clássico contra o Palmeiras. O time perdeu por 5 a 0. Um massacre que ajudou a impedir o sucesso de Raul no São Paulo.

– O Palmeiras era um timaço, com Servílio, Rinaldo, Ademir da Guia e outros. Eles dominaram o jogo, mas eu não falhei em nenhum gol. Mas, como manter no time um garoto de 19 anos que leva cinco gols em um clássico? Não deu para mim – lembra Raul.

Ele foi mantido no jogo seguinte, quando o São Paulo venceu o Fluminense por 5 a 3, mas logo deixou o tricolor paulista. Sem lembranças e sem brilho, depois de apenas nove partidas. Seu novo destino o levaria ao sucesso.

Chegada em Belo Horizonte

Felício Brandi, presidente do Cruzeiro, estava montando o time que faria muito sucesso no ano seguinte. Era formado por garotos como Wilson Piazza, Natal, Dirceu Lopes e Tostão, a joia da coroa, que Brandi havia contratado do América. Procurava um goleiro jovem e ambicioso. Foi isso que ouviu a respeito de Raul vindo de Vicente Feola, técnico campeão do mundo e que ocupava cargo de supervisor no São Paulo. Não houve problema para a liberação.

No primeiro treino em seu novo time, Raul encontrou-se com um garoto de 16 anos, que estava subindo dos juniores. Era Vanderlei Eustáquio de Oliveira, o Palhinha, que seria seu companheiro na conquista da Libertadores de 1976.

– Ele chegou de forma simples. Ninguém conhecia. Ele veio do São Paulo e eu estava subindo do Barro Preto, que era como a gente chamava a concentração dos juvenis do Cruzeiro. Começamos a conversar e ele me tratou muito bem. Deu para ver que seria um cara legal, e fiquei contente quando ele ganhou um lugar no time – lembra Palhinha.

Raul chegou para ser o reserva de Tonho. Mas alguém aí se lembra do Tonho? O titular logo foi superado pelo então novato, que começou a mostrar suas qualidades. Uma das grandes armas que Raul possuía era a rápida saída de bola, que iniciou vários contra-ataques do time comandado por Tostão e Dirceu Lopes, que começou a marcar época.

Título em cima de Pelé

O primeiro grande momento do time cruzeirense aconteceu na final da Taça Brasil de 1966. O adversário seria ninguém menos que o grande Santos de Pelé e companhia. E o Cruzeiro não se fez de rogado: uma vitória por 6 a 2 no Mineirão – com o time da casa abrindo 5 a 0 no placar – e 3 a 2, no jogo da volta, no Pacaembu, de virada, já que dessa vez os santistas abriram 2 a 0.

Essas finais jamais serão esquecidas por Raul. Na primeira partida, no dia 30 de novembro, o Cruzeiro simplesmente triturou o Santos. O atônito campeão mundial não entendia o que estava acontecendo naquele dia. Cinco a zero no primeiro tempo? Contra um time de garotos?

O que se via ali era uma geração de jovens craques – Tostão, o maior deles, tinha 19 anos e havia disputado a Copa do Mundo da Inglaterra, em junho; Dirceu Lopes, 20, Nata, 21, Raul, 22, e Piazza, 23, jogando um futebol ofensivo e de muita velocidade. Eram os reis do Mineirão. Sempre houve grandes jogadores em Minas Gerais, mas a partir da inauguração do grande estádio, em 1965, eles tinham o palco perfeito para mostrar que havia futebol de alto nível fora do eixo Rio-São Paulo.

Palhinha se lembra da importância do novo estádio.

– Com o Mineirão construído, os estudantes e as mulheres começaram a ir aos jogos. Os jogadores não eram muito aceitos pela sociedade e eram quase amadores. Com o Mineirão, passaram a ser ídolos e a ganhar bem. O Raul foi uma espécie de símbolo dessa época, porque muitas mulheres iam ao Mineirão por causa dele.

No segundo tempo, a torcida do Cruzeiro berrava "cadê o Pelé?, cadê o Rei?". Irritado, Pelé abriu a mão e mostrou o número cinco. Não seria o número de gols que ele faria naquela partida, mas o número de títulos que o Santos já tinha naquela competição. O gesto de desabafo foi o que restou ao Rei do Futebol, completamente anulado por Piazza, com quem jogaria na seleção brasileira na conquista do tricampeonato, quatro anos depois, no México.

Pelé vira o seu time sofrer dois gols em cinco minutos do primeiro tempo, depois, atacar desesperadamente e sofrer outros três gols ainda antes da metade do jogo. No segundo tempo, Pelé ainda sorriu com os dois gols de Toninho Guerreiro, mas sofreu uma vez mais, com o gol marcado por Dirceu Lopes.

– Nós surpreendemos o Santos pela velocidade e habilidade. O Santos era um time que gostava de jogar de forma cadenciada e a gente sabia que eles iriam tentar segurar o jogo no começo. Então, entramos com tudo para tentar decidir logo no começo. Foi o que aconteceu – lembra Tostão.

O segundo jogo foi no Pacaembu, dia 7 de dezembro. O Cruzeiro já era um time respeitado, mas, entre os seus torcedores, havia o medo de que o Santos desse o troco e respondesse com outra goleada. Entre os outros torcedores, de todo o Brasil, não havia medo de que isso acontecesse. Havia certeza.

O Santos, com quatro modificações, deu esperanças a todos aqueles que esperavam uma goleada como troco ao desastre do primeiro jogo. Toninho Guerreiro, aos 23 minutos e Pelé aos 25 minutos do primeiro tempo, iniciaram a goleada que não se concretizou.

Raul sofreu muito com a chuva e com a péssima iluminação do estádio e fez um milagre no minuto final do primeiro tempo, cara a cara com Pelé. Pronto, as coisas voltariam aos seus devidos lugares. Afinal, quem esse time mineiro pensava que era para enfrentar o grande Santos?

A coisa ficou tão feia que o técnico Aírton Moreira não sabia o que fazer. "Façam o que vocês quiserem, eu não sei como consertar", confessou aos jogadores. Fala-se que a vitória era tão certa que Felício Brandi foi procurado no vestiário pelo presidente do Santos, Athiê Jorge Cury e pelo presidente da Federação Paulista de Futebol, Mendonça Falcão, para escolher a data e o local da terceira partida. Teriam sido enxotados e o time encontrou a motivação necessária para a virada inesquecível do segundo tempo.

Tostão nunca soube disso. "Não tenho certeza se isso é verdade. Ficamos sabendo disso depois do jogo, mas eu não me lembro de ter visto Mendonça Falcão no vestiário, no intervalo do jogo. Nem isso foi usado para motivar os jogadores", disse.

Piazza resolveu que tomaria conta de Pelé e anulou o camisa 10. Aos 18 minutos, Tostão faz um gol de falta, sofrida por Natal: 1 a 2. Dez minutos depois, Dirceu Lopes empatou e aos 44 minutos, Natal aproveitou cruzamento de Tostão e fez o impossível: venceu o Santos, em São Paulo, de virada! E olha que Tostão ainda desperdiçou uma cobrança de pênalti, aos 12 minutos da etapa final, quando o time ainda perdia por 2 a 0.

A surpresa de Pepe

José Macia, o Pepe, era o ponta-esquerda do Santos. Passados 44 anos, ele se lembra bem dos dois jogos. E do goleiro do Cruzeiro.

– O Raul era muito bom. Apesar de novo, ele dava muita bronca na defesa, orientava muito o time. Dava confiança para os jogadores. Era um cara simpático, ótima pessoa e se vestia muito bem. E o Cruzeiro era sensacional. Só começamos a perceber isso depois dos jogos. O Santos fazia muitas excursões e a gente não conhecia o time deles, não era como hoje que a informação é instantânea, quando todos se conhecem.

Sem informação, a surpresa foi enorme.

– O resultado foi uma avalanche sobre a gente. Não dava para fazer nada. Foi uma goleada por 6 a 2 com méritos. No segundo jogo, a gente resolveu dar o troco. Treinamos bastante, decoramos as jogadas e fomos para o campo. Eu fiquei no banco, quem jogou foi o Edu, que estava começando. Foi um jogo mais equilibrado, mas eles conseguiram dar a virada em cima da gente. O Brasil ficou conhecendo um grande time. Eles marcavam bem e tinham uma velocidade incrível. Jogavam praticamente no 4-2-4, com Natal, Tostão, Evaldo e Hilton Oliveira. E ainda tinha o Dirceu Lopes, que foi um jogador injustiçado. Teve muito menos prestígio do que merecia.

Os jogadores do Cruzeiro também se surpreenderam após a partida. Ao chegarem ao hotel, aquele time ainda desconhecido foi cercado por torcedores do Cruzeiro e também do Santos. "A gente até ficou um pouco assustado, vendo o pessoal do Santos chegando. Mas não era confusão, eles estavam pedindo autógrafos", lembra Raul. Os garotos do Cruzeiro estavam virando ídolos. Nascia um time imortal e Raul era o número 1 entre eles.

O grande escritor e poeta mineiro Paulo Mendes Campos (1922-1991) se referia ao Cruzeiro como o único "time equilibrado num país de psicologia tão tumultuada", se referindo aos anos da ditadura militar.

A vitória do Cruzeiro acelerou uma modificação importante para o futebol brasileiro. Começou a ficar claro que havia futebol competitivo fora do Rio e de São Paulo. Afinal, um time de Minas havia vencido o torneio que reunia os campeões regionais do Brasil. No mesmo ano, o torneio Rio-São Paulo acabou e foi substituído, em 1967, pelo torneio Roberto Gomes Pedrosa, que contemplava uma nova realidade, incluindo times mineiros, gaúchos e paranaenses. Em 1968, chegaram pernambucanos e baianos e em 1971 disputou-se o primeiro Campeonato Brasileiro.

Camisa amarela

Raul sempre foi um homem discreto e bonito, e por isso mesmo vaidoso. Fazia muito sucesso com as mulheres e resolveu ter um pouco de destaque durante as partidas. Para isso ousou jogar com uma camisa amarela, no tempo em que o uniforme dos goleiros era basicamente preto.

Num clássico entre Cruzeiro e Atlético, na década de 1960, resolveu inovar e vestiu um blusão de gola rolê – emprestado do lateral Neco –, pois a camisa oficial de goleiro não coube nele. Foi um espanto geral no Mineirão. Ele fechou o gol e começou a escrever seu nome na história do futebol.

As torcidas adversárias não perdoaram e o chamavam de Wanderléia, em alusão à cantora da Jovem Guarda. A camisa causou comoção entre os conservadores, embora Raul diga que o único que sofreu foi ele mesmo, com as provocações. E a bordo de um uniforme pouco ortodoxo, cravou seu nome no time mineiro.

Libertadores

O Cruzeiro dominou totalmente o futebol mineiro na época. Foi tetracampeão, de 1966 a 1969, e repetiu a dose, de 1972 a 1975. Mas não tinha grandes conquistas fora de Minas. Apenas aquela Taça Brasil sobre o Santos. E, pior, o Atlético, grande rival, havia vencido o Brasileiro de 1971.

As coisas começaram a mudar em 1976. E a conquista não foi nacional. Foi internacional, em grande estilo. O Cruzeiro conquistou a Libertadores da América de forma incontestável, com 11 vitórias, um empate e uma derrota. A decisão foi contra o River Plate, de Buenos Aires. Na primeira partida, dia 21 de julho, um massacre por 4 a 1, com dois gols de Palhinha, um de Nelinho e outro de Valdo. O argentino Más fez o gol em Raul.

No segundo jogo, uma semana depois, o River ganhou por 2 a 1, com gols de Lopez, Gonzáles e Palhinha. O gol do River foi muito contestado pelos mineiros, que diziam que o ponta argentino J.J. Lopez havia feito falta no lateral-esquerdo mineiro Vanderlei.

A "negra" foi disputada no estádio Nacional, em Santiago do Chile, e o Cruzeiro conseguiu uma vitória dramática por 3 a 2, com um gol de falta do ponta-esquerda Joãozinho, aos 43 minutos do segundo tempo, antecipando-se ao lateral-direito Nelinho em uma cobrança de falta.

Na campanha inesquecível, o Cruzeiro marcou 46 gols e sofreu 17. O técnico era Zezé Moreira, irmão de Airton, o campeão da Taça do Brasil, dez anos antes.

Gol fechado

Com o título sul-americano, o Cruzeiro foi disputar o Mundial Interclubes contra o Bayern de Munique, que tinha Sepp Maier como goleiro. Campeão do mundo dois anos antes, ele era uma garantia e um trunfo dos alemães para a final. Mas não jogou mais que Raul.

"Perdemos a primeira, na Alemanha, principalmente por causa da neve. Era muito difícil jogar daquele jeito. Fui bem, mas não deu para impedir os dois gols que levamos", lembra Raul.

Na segunda partida, no Mineirão, houve um show dos dois goleiros. Maier, de um lado, e Raul, do outro, fizeram defesas impressionantes. Palhinha, que participou do jogo, considera que o a o foi um placar construído a duras penas pelos dois craques.

– Era jogo para 3 a 3, mas o Raul e o Maier impediram os atacantes de marcar. Eles foram muito bem. O Raul sempre foi um jogador muito tranquilo. Goleiro frio. Não se irritava, não perdia a cabeça. Sempre jogava bem, mas naquele dia ele se superou. Pena que choveu muito. Nosso time era muito leve e o campo ficou pesado. Ajudou o Bayern – diz Palhinha.

Flamengo

Em agosto de 1978, Raul sentiu-se desmotivado. Resolveu parar. Comunicou a decisão à diretoria do Cruzeiro, que não foi aceita. Ele viajou para Curitiba, abandonando o clube. Dias depois, ouviu pela televisão a notícia de que havia sido contratado, juntamente com Eli Carlos e Jarbas, pelo Flamengo.

Pouco depois de ser surpreendido pela notícia, recebeu um telefonema de Márcio Braga, então presidente do Flamengo, que lhe comunicou a transferência. Raul disse que não estava mais com vontade de jogar, mas foi seduzido ao saber que o time embarcaria dentro de alguns dias para uma excursão à Espanha. Aceitou a transferência e passou a ser dirigido por Cláudio Pecego de Moraes Coutinho.

Um dos maiores teóricos do futebol brasileiro e treinador da seleção brasileira na Argentina, em 1978, Coutinho ficou famoso pela frase que o Brasil havia sido "campeão moral" naquela Copa – uma alusão a ter sido eliminado, invicto –, e introduziu alguns termos futebolísticos como "ponto futuro", "overlapping", e "polivalência". Apesar de tanto eruditismo tático, Coutinho era visto com reservas, principalmente por não ter convocado o talentosíssimo meio-campista Falcão do Internacional para o Mundial, levando em seu lugar Chicão.

Em 1977, Coutinho estava começando a montar o grande time do Flamengo que ganharia tudo entre 1979 e 1983. Mas o técnico morreria tragicamente de afogamento durante uma pesca submarina, nas

Ilhas Cagarras, no Rio de Janeiro, no dia 27 de novembro de 1981. Tinha apenas 42 anos.

O Flamengo conseguiu, então, um tricampeonato em dois anos. Ganhou em 1978 e em 1979. Neste mesmo ano, a Federação Carioca resolveu patrocinar um campeonato extra, também vencido pelo Flamengo. O motivo? Havia muita confusão no futebol nacional e a CBF não havia definido como seria o Campeonato Brasileiro. Para enfrentar a incerteza e impedir que os times ficassem muito tempo sem jogar, foi realizado um campeonato extra, de janeiro a março, com apenas dez clubes. E, em maio, começou o Campeonato Carioca oficial.

Raul começou a ganhar a posição de Cantarelli no final de 1979. Com Raul no gol, o time ganhou segurança na defesa. Tendo à sua frente craques como Leandro, Júnior, Carpegiani, Andrade, Adílio, Nunes e, principalmente, Zico, o Flamengo viveu uma fase de ouro e deu a Raul uma segunda página riquíssima de sua vida. O goleiro era um líder silencioso. Quando falava era para dar um norte ao time, uma palavra positiva, de tranquilidade. Lá atrás, conquistava os torcedores com suas defesas simples, jogando de forma comedida, como sua personalidade. Ele era o titular na final do Brasileiro de 1980, na vitória dramática de 3 a 2, em cima do Atlético Mineiro no Maracanã.

Com isso, o time teve a chance de jogar a Libertadores do ano seguinte. A campanha foi difícil, especialmente nas três partidas da final contra o violentíssimo Cobreloa, do Chile. Na primeira partida, no Maracanã, em 13 de novembro de 1981, vitória flamenguista, por 2 a 1, com dois gols de Zico e um de Merello. Na volta, uma semana depois, os chilenos abusaram do direito de dar botinadas e venceram por 1 a 0, com um tento do mesmo Merello, aos 39 minutos da etapa final.

O jogo-desempate aconteceu no dia 23 de novembro, no estádio Centenário, no Uruguai. Em campo neutro, o Cobreloa não teve a conivência da arbitragem e o Flamengo venceu por 2 a 0, com dois gols de Zico, um em cada tempo. No final da partida, o atacante Anselmo entrou em campo com a missão de agredir o zagueiro Mário Soto, do Cobreloa, que havia abusado de jogadas violentas nas partidas anteriores.

Feliz da vida, após uma vitória sobre o Vasco em 1983, Raul reafirma, a caminho do vestiário, sua cumplicidade com a torcida do Flamengo.

Raul nunca negou o fato:

– O jogo em Montevidéu era o jogo do troco, para pegar o Mário Soto. É uma coisa chata de dizer, mas a gente queria dar nele também, o cara bateu muito. Não vou mentir. Vão dizer, "Que maldade, o Raul não tem fair-play. Que fair-play que nada, numa hora dessa, chumbo trocado, a gente estava doido para dar. Aí, o Anselmo entrou e deu."

O título fez de Raul bicampeão da Libertadores, mas ele ainda precisava de mais para encerrar o ciclo: o Mundial Interclubes.

Show em Tóquio

O adversário no Japão seria nada menos que o poderoso Liverpool, então campeão europeu em 1977, 1978 e 1981. O time era liderado pelo meia escocês Kenny Dalglish – que enfrentou o Brasil na Copa de 1982, na Espanha – e chegou com a arrogância de um campeão em Tóquio.

O lateral-esquerdo Júnior recorda que ao encontrar o time inglês no shopping foi cumprimentá-los e viu os adversários virarem a cara com ar de desprezo. Isso motivou ainda mais os jogadores para darem uma grande lição no arrogante rival.

A partida foi um simples passeio brasileiro: jogando fácil, o Flamengo fez 3 a 0 ainda no primeiro tempo, com dois gols de Nunes, aos 13 e aos 41 minutos, e um de Adílio, aos 34 minutos, obrigando o time inglês a engolir a petulância e despachá-la de volta para a Inglaterra.

Aposentadoria

Após o Mundial, o Flamengo ainda conquistou mais dois títulos brasileiros (1982 e 1983) em cima de Grêmio e Santos, até que Raul resolveu abandonar a carreira, aos 39 anos. Seu último título brasileiro aconteceria no jogo contra o Santos pelo Campeonato Brasileiro de 1983, com uma goleada flamenguista de 3 a 0 – gols de Zico, Leandro e Adílio, e uma batalha campal no final, protagonizada pelo centroavante Serginho Chulapa. Seria também o último título do goleiro.

Com tantos títulos no currículo, só faltou mais um grande momento na carreira. E ele não chegou. Telê Santana era o técnico da seleção brasileira que encantou o mundo em 1982, apesar da eliminação contra a Itália. Telê apostou em Waldir Peres e Paulo Sérgio. Levou também o goleiro Carlos, de 26 anos, que havia sido titular na Olimpíada de 1976, preparando-o para o próximo Mundial. O treinador não quis levar o goleiro do Flamengo, então com 32 anos. Fica a ironia de ver que o goleiro que sempre usou a camisa amarela, poucas chances teve de vestir a "amarelinha" da seleção brasileira.

Restou a Raul o privilégio de haver atuado ao lado e também contra grandes craques.

– Vi de perto os monstros sagrados do futebol mundial e, na maioria das vezes, venci. Fui e sou um privilegiado, pois tive as companhias de Platini, Maradona, Zico, Beckenbauer, Tostão, Pelé, Eusébio, Dirceu Lopes Jairzinho, Paulo César Caju, Roberto Dinamite, Dalglish, Breitner.

Despedida

Em 1983, após sofrer um gol contra o Vasco, Raul decidiu parar:

– Aquele gol não me causou o impacto que normalmente os gols me causavam. O goleiro do Flamengo não tem o direito de falhar. Eu não queria parar caindo, queria parar de pé. Pensei que o abismo poderia estar logo ali na frente e eu não queria pagar para ver.

O jogo de despedida do Velho, como era chamado pelos companheiros no time, foi em 20 de dezembro de 1983, num amistoso entre o Flamengo e a Seleção dos Amigos do Raul. O goleiro vestiu a camisa amarela pela última vez e, ao sair de campo, num gesto cheio de emoção e agradecimento, devolveu-a ao lateral Neco que emprestara sua primeira, no saudoso jogo de 1966 contra o rival Atlético Mineiro.

Após largar os campos, Raul tornou-se comentarista esportivo. Bem-humorado e ótimo contador de histórias – especialmente do misterioso Sombra, companheiro cleptomaníaco do Cruzeiro, que realizava pequenos furtos durante as viagens do time mineiro –, publicou um livro. Raul ainda tentou, por duas vezes, a carreira de treinador, sem sucesso: no Cruzeiro, em 1987 e, no Juventude do Rio Grande do Sul, em 2003. Tentou também ser dirigente do Londrina, mas igualmente não ficou muito tempo. Voltou a ser comentarista esportivo.

Raul teve como ídolo na posição outro goleiro mítico, Gilmar dos Santos Neves, que, assim como ele, conseguiu ser o maior goleiro da história de dois times grandes, Corinthians e Santos.

RAUL Guilherme Plassmann
27/09/1944

Títulos	Cruzeiro	Campeonato Mineiro 1966, 1967, 1968, 1969, 1972, 1973, 1974, 1975, 1977 Taça Brasil 1966 Libertadores da América 1976
	Flamengo	Campeonato Carioca 1978, 1979, 1981 Campeonato Brasileiro 1980, 1982, 1983 Libertadores da América 1981 Mundial Interclubes 1981

ENTREVISTA
JÚNIOR

> "Raul era um goleiro simples, que nunca complicava o jogo e sempre dava tranquilidade ao time."

Leovegildo Lins da Gama Júnior, no futebol, foi o Júnior mais importante do Brasil. Lateral-esquerdo recordista em atuação pelo time do Flamengo (865 jogos), foi um dos maiores jogadores brasileiros dos últimos 30 anos. Extremamente técnico, ambidestro, Júnior consagrou-se como uma das estrelas do esquadrão flamenguista que dominou o futebol brasileiro na primeira metade dos anos 1980, com três títulos brasileiros (1980, 1982-83), uma Libertadores e um Mundial Interclubes (ambos em 1981), goleando o poderoso Liverpool, por 3 a 0.

E se o Flamengo era um esquadrão temível, boa parte disso se deve ao tranquilo e experiente goleiro Raul, que chegou à Gávea já com 34 anos e brilhou intensamente nos cinco anos em que lá ficou. Júnior conta que Raul era um goleiro simples e honesto. Se o chute fosse indefensável, ele preferia não ir apenas para "sair na foto". Mas em todas as "bolas defensáveis", mostrava sua velha classe. Comandando uma defesa cheia de selecionáveis – Leandro, Mozer, Júnior – era uma "liderança silenciosa", junto com o volante Andrade: só falava quando necessário e sempre buscava acalmar o time em momentos de tensão.

Qual era importância de Raul em um time de tantos craques?
Falando de uma maneira geral, todo goleiro bom é importante. Não tem até um dito que diz que todo grande time começa com

OS 11 MAIORES GOLEIROS DO FUTEBOL BRASILEIRO

Raul, o "Velho", e Júnior, o "Capacete", parceiros fundamentais nas glórias daquele que é considerado o maior Flamengo de todos os tempos.

um grande goleiro? No caso específico do Raul, a importância vem da qualidade técnica somada com a experiência, principalmente na Copa Libertadores, que ele já havia vencido com o Cruzeiro, em 1976. Ele sabia o caminho das pedras, tinha jogado naquele Cruzeiro de Tostão, Evaldo e Dirceu Lopes, e no outro Cruzeiro, com Palhinha e outros, que venceram a Libertadores.

Pode dar um exemplo mais específico?
Bom, vamos lembrar que a velha Libertadores, dos anos 1980, não era como é hoje. Era muito mais violenta, com juízes complicados e todo mundo fazendo de tudo para ganhar do Brasil. Nós fomos fazer a final contra o Cobreloa. Ganhamos o primeiro jogo no Maracanã, por 2 a 1, com dois gols do Zico. Então, fomos para o Chile e perdemos por 1 a 0 em um jogo muito duro e violento. Chegamos abatidos ao vestiário e o Raul, com aquela voz tranquila dele, acalmou todo mundo.

O que ele falou?
Só o básico, o que todo mundo sabia, mas estava esquecendo naquela hora, após a derrota. Falou que na "negra" em Montevidéu a gente ia ganhar com facilidade. "Lá, vai ser na bola, e na bola a gente é muito melhor", foi isso o que ele falou. Me lembro bem até hoje.

A final contra o Liverpool acabou sendo mais fácil do que o jogo contra o Cobreloa...
É verdade. O Liverpool era melhor do que o Cobreloa e o jogo foi mais fácil para nós. Foram três motivos, eu acho. O primeiro é que foi um jogo só em campo neutro e com muita gente vendo, gente da Fifa. Isso acaba desde o início com intimidação e besteiras desse tipo. Era na bola mesmo. Depois, o Liverpool desconhecia totalmente o nosso time. Não havia intercâmbio e nem internet. Os europeus só viam a gente nos torneios de verão, quando a gente era convidado a participar. E nós conhecíamos o time deles. O Cláudio Coutinho, que sabia muito de futebol, havia saído do Flamengo, mas havia deixado boas dicas. Era para a gente tomar cuidado com o Souness e o Dalglish, que jogavam no meio de campo. E, além dessa vantagem do conhecimento, a nossa qualidade era maior. Nosso time era muito bom. O Raul fez uma defesa só, muito importante, no primeiro tempo, quando estava 0 a 0. Matamos o jogo no primeiro tempo.

Como era o Raul, tecnicamente falando?
Era um goleiro simples, que procurava facilitar o jogo. Não complicava nada. Ele gostava de falar que não deveríamos esperar nada dele nas bolas impossíveis. Aquela bola de três dedos, que vai no ângulo. Ele nem ia na bola. A gente falava: "Raul por que tu não foi na bola?". E ele respondia. "Pra quê? Não ia pegar mesmo. Não vou ficar pulando só para sair nas fotos". Ele levava isso a sério até nos treinamentos.

Como assim?
A preparação de goleiros ainda estava começando. Não era tão específica como hoje. Nosso preparador era o Modesto Bria, que tinha perto de 60 anos. Apesar disso, ele chutava muito forte e com grande precisão. O campo da Gávea, onde a gente treinava, era muito duro. Ruim para goleiro ficar pulando. Então, quando o Modesto Bria chutava bola baixa ou meia altura, o Raul ia em todas, com a maior dedicação. Quando metia no ângulo, ele nem pulava. Virava para o

Modesto e falava assim: "Seu Modesto, outra bola indefensável? Eu nem vou. Vou acabar me machucando". E não ia mesmo.

Mas nas bolas defensáveis...
Aí, a confiança era total. O Raul dava conta do recado, a gente sabia disso, podia dar o ritmo que quisesse ao time, atacar, defender, tocar a bola no meio, buscar contra-ataque, seja como fosse, ele segurava a onda.

Ele era bom na saída de bola?
Muito bom. Dominava a área na cobrança de escanteios. E orientava muito a defesa. Tinha muita experiência e muita bagagem de futebol.

E ele usava as mãos para iniciar jogadas de ataque com você e o Leandro?
Não. Comigo e com o Leandro, ele só usava as mãos para levar à cabeça. Com ironia, na base da gozação falava assim: "Onde vão meus laterais, onde vão, dá para ficar um pouco mais?", porque eu e o Leandro apoiávamos muito. Era sempre ataque. E, às vezes, a gente ia junto. Então, o Raul dava bronca para segurar um pouco. Bronca na boa, com respeito. Depois de um tempo, ele começou a falar "meus laterais são atacantes, são bons demais, eu é que preciso dar uma segurada".

Como ele era com os companheiros?
Muito legal. Um bom companheiro. Um dos caras mais engraçados que conheci. Ele sempre contava casos de quando jogava no Cruzeiro. Sempre tinha uma história envolvendo o Pedro Paulo, lateral do Cruzeiro. O Pedro Paulo nunca jogou no Flamengo, mas serviu para descontrair o ambiente muitas vezes. O Raul escreveu até um livro contando esses casos.

Foi uma injustiça o Raul não estar na Copa de 1982?
Ah, não vou falar em injustiça, não vou ficar julgando o Telê. O que eu posso dizer é que ele tinha capacidade para estar lá. O Telê levou

o Waldir Peres, o Paulo Sérgio e o Carlos, que estava com 26 anos. Se o Raul fosse convocado, ele brigaria pela posição com o Waldir, mas o Telê optou por outros grandes goleiros. Talvez o Raul não tivesse demonstrado grande vontade de ir.

Falta de vontade?
Não. Não é bem assim. Acontece que ele foi goleiro do maior Cruzeiro de todos os tempos. Depois, foi goleiro do maior Flamengo de todos os tempos, como todo mundo diz. Então, foi um privilegiado. Talvez ele se sentisse assim e não tivesse a necessidade de estar na seleção. Em 1982, ele já estava com 38 anos, talvez não tenha passado para o Telê que estar na Copa seria importante para ele também.

Qual foi a grande defesa que você viu o Raul fazer?
Foram muitas, pode ter certeza. A mais bonita foi um chute do Eder, do Atlético Mineiro, na final do Brasileiro de 1980. A bola veio com força e caiu de repente. O Raul, que era muito alto, 1,90m, foi para o chão buscar. Mostrou uma agilidade impressionante. Aquela bola era indefensável. E ele pegou.

Quando ele chegou ao Flamengo, com 34 anos, houve alguma desconfiança de torcedores e jornalistas?
Pelo contrário. O Renato havia saído e a gente tinha o Cantarelli, muito bom, revelado no clube. Todo mundo sabia que seria preciso alguém mais maduro e experiente. O Raul veio também para isso. E mostrou que todo mundo estava certo.

Como ele era nas preleções?
Falava pouco. Quando os outros terminavam, ele falava alguma coisa técnica ou dava alguma dica baseada na experiência dele. Era como o Andrade. Os dois tinham uma liderança silenciosa. Falavam na hora certa. E coisas importantes.

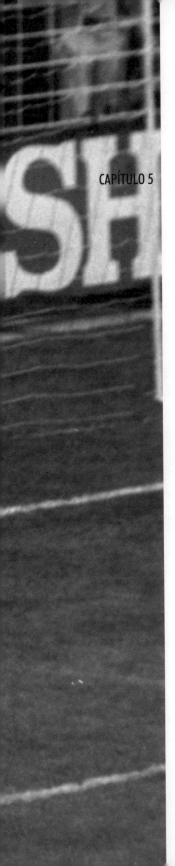

CAPÍTULO 5   **LEÃO**

Com muito trabalho
e pouca conversa, nunca
deu chance aos concorrentes,
impressionou Cruyff, jogou
quatro Copas do Mundo
e diz que poderiam
ter sido cinco.

Um lançamento desde o meio-campo encontrou o rápido Jansen. Bola nas costas de Marinho Chagas (haveria muitas mais durante o jogo), visando um holandês. Podia ser Jansen ou qualquer outro. Era difícil saber quem era ponta, lateral, meia, naquele time de esquema revolucionário. Todos se deslocavam. Até o goleiro Jongbloed saía da área, coisa rara naquele já longínquo 1974, em que o Brasil tentava fazer valer o seu currículo de vigente campeão mundial contra aquele time de camisas laranjas. A Holanda. A temível e terrível Laranja Mecânica.

A jogada começara com a cobrança de uma falta. Desde o início o que se via era um Brasil assustado, apelando para a violência, mesmo com jogadores consagrados como Rivellino e Marinho Peres. Os holandeses, passado o período de respeito inicial aos tricampeões, dominavam fácil o jogo. Paulo César e Jairzinho haviam perdido duas oportunidades, mas o o a o do primeiro tempo foi mais lamentado pelos europeus do que pelos brasileiros.

Um zero a zero garantido por uma das grandes defesas das histórias de Copa do Mundo. A maior defesa que Johan Cruyff, o grande craque (os mais críticos e céticos dizem que *único* craque) da Holanda, viu em sua vida. Sempre fez questão de dizer isso em entrevistas e em livros que escreveu. Voltemos a Jansen, que recebeu aquela bola em profundidade, logo aos seis minutos de jogo. Quando a dominou, fez o cruzamento, sem muito brilho. Ela passou pelos atacantes e chegou até o lateral-direito Zé Maria, que se colocava na área, como um zagueiro (Marinho Perez havia se deslocado para a esquerda para cobrir o avanço de Chagas).

Grande defesa contra um grande craque

O Superzé poderia dominar. Havia tempo para isso. Optou pela segurança e tentou um chutão. A bola saiu em diagonal, sem força, diretamente para o pé esquerdo de Cruyff. Ele estava ali, a um metro e meio da área pequena, mais perto do que a marca de pênalti. O chute foi forte, cruzado, e milhões de holandeses, no campo, em casa, no bar, pularam para comemorar. E viram Leão pulando antes do que eles, do centro do gol para a esquerda, espalmando, com as duas mãos, para escanteio. Em Ribeirão Preto, interior paulista, muitos e muitos quilômetros longe de Dortmund, Euripinho, batizado como Eurípedes, também comemorou. Um dos milhões de técnicos anônimos brasileiros, que passam os seus domingos à beira de campos sem grama, ele vibrou como se fosse sua a defesa do goleiro que começou a dirigir 11 anos antes.

– Meu primeiro time foi o Vila São José, em Ribeirão Preto. Era um time de esquina, perto da igreja de São José. Eu tinha 13 anos e, como todo mundo, treinava descalço. Era bem mais alto que os outros e fui para o gol. O Euripinho fazia de tudo pelo time. E o resultado foi tão bom que José Mário Ricci, filho do presidente do Comercial, levou todo mundo para a escolhinha do Comercial – conta Émerson Leão, único goleiro do Brasil a participar de quatro Copas do Mundo, duas delas como titular.

Em 1964, os pais de Leão se mudaram para São José dos Campos, cidade mais próxima da capital. Logo, a convite de um padeiro (outro dos muitos técnicos amadores do Brasil), Leão foi jogar na várzea da cidade. Jogou muito bem e foi indicado para dirigentes do São José, que estavam formando um time para disputar a 4ª divisão do futebol paulista. "Com 16 anos, em 1965, assinei meu primeiro contrato como profissional. Meu pai, que tinha dois filhos estudando Medicina, ficou muito irritado, mas aceitou", lembra Leão.

Jogou por três anos no São José, até que a falência chegou ao clube. Leão conseguiu seu passe e imediatamente o vendeu ao Comercial. Voltou a Ribeirão Preto, para uma dura rotina. Morava sozinho em uma pensão. Fazia Tiro de Guerra e treinava no Comercial, pelo menos oito horas por dia. À noite, estudava, já pensando em prestar vestibular para Educação Física.

Eram tempos duros para um garoto. E ajudaram a moldar a personalidade de Leão, que nunca admitiu dar chance a um companheiro.

– Sou assim mesmo, extremamente competitivo. Nunca fui mau caráter com companheiros, nunca fiz fofoca, não falei mal de alguém para ganhar a posição, não reclamei de treinar junto, sempre disputei com lealdade a posição, mas fazia isso com dureza. Não dava chance mesmo. No gol só cabe um, e sempre achei que deveria ser eu – explica.

Foi assim, já com esse espírito guerreiro e competitivo, que assinou contrato com o Palmeiras, em 1968, após um ano no Comercial. Chegou indicado por Valdemar Carabina, que era seu técnico no Comercial e quarto-zagueiro do Palmeiras no início dos anos 1960, quando o time era chamado de Academia. Após três meses de teste, foi aprovado e contratado.

Aos 19 anos, titular no Palmeiras

O titular era Chicão, que cometeu um erro fatal para quem tinha Leão como concorrente. Contundiu-se. Leão virou titular. Quando o técnico Filpo Nuñez, argentino bom de conversa, disse que Chicão voltaria, Leão foi duro. Falou que estava jogando bem e não merecia sair. Foi então que Filpo, surpreendido com as palavras de Leão, fez outra proposta: haveria um revezamento e cada um jogaria duas vezes.

Leão dá risada ao se lembrar do episódio:

– Falei para o Filpo que ficaria mal para um técnico famoso como ele, de alto nível como ele, fazer revezamento. Aí, ele pensou e disse que eu jogaria. Fui muito bem e ele me esperou após o jogo. Disse que tinha feito tudo aquilo para testar a minha personalidade e que estava contente com o que viu. Agora, eu seria titular.

E Leão teve um apoio surpreendente antes de sua conversa com Filpo. "O próprio Chicão não queria voltar. Ele era bonachão, engordava com facilidade e disse que se eu apertasse o Filpo, iria continuar. Aceitei a ideia dele."

Em 1969, o Palmeiras ganhou o torneio Roberto Gomes Pedrosa (embrião do Campeonato Brasileiro, era disputado por 17 clubes) e o nome de Leão passou a ser citado como provável para a convocação da Copa do México, no ano seguinte. Estreou pela seleção em março de 1970, com vitórias por 2 a 1 contra a Argentina e 5 a 0 contra o México, em amistosos preparatórios para o Mundial.

Foi bem. E quando Zagallo anunciou a lista dos convocados, seu nome estava lá, ao lado do veterano Félix (33 anos) e de Ado, goleiro do Corinthians, de 23 anos, que chegava à seleção após seis jogos pelo clube.

– Eu e Ado éramos muito bons. Nós treinamos muito, fomos mostrando o nosso valor. A gente acreditava que iríamos juntos para a Copa. Então, houve o corte. O Zagallo, juntamente com o preparador físico Admildo Chirol e o preparador de goleiros Carlesso me chamaram para conversar. Disseram que eu era o melhor dos três goleiros, mas que seria cortado porque era o mais novo. Disse que não aceitava o critério da idade, mas aceitava o corte – lembra Leão.

Não se sabe se foi apenas a personalidade mostrada na resposta ou o que Leão mostrara nos treinos (provavelmente a união das duas coisas), mas quando o ponta-direita Rogério se contundiu, Zagallo optou por levar três goleiros à Copa. E Leão voltou.

Começa a luta pela camisa 1 da seleção

Após a conquista do tricampeonato, Leão começou a preparar-se para mais uma grande batalha em sua vida. "Percebi que haveria mudança no gol da seleção. O Félix já era veterano e não aguentaria muito tempo. Iria ficar entre eu e o Ado. E comecei a treinar cada vez mais, sempre pensando em ser titular."

Leão estava certo na análise. Ado rendeu-se aos prazeres da noite e nunca mais jogou pela seleção. Sua carreira restringiu-se a três partidas.

Félix ainda resistiu. Foi titular nas dez partidas seguintes àquele 4 a 1 de 21 de junho de 1970, que humilhou a Itália e transformou o Brasil no primeiro tricampeão da história. E depois de cinco vitórias e cinco empates, com dez gols sofridos, viu o seu ciclo terminar, após 38 partidas.

O novo titular era Leão. A transição não foi pacífica. Félix diz a quem quiser ouvir que Leão não é um campeão do mundo, pois não entrou em campo em 1970.

– Ele nunca aceitou que eu era melhor e que a minha vez tinha chegado. Sempre falou mal de mim. Uma vez, passado muito tempo, quando houve uma reunião dos campeões mundiais, ele veio me cumprimentar. Pensei em deixar a sua mão pendurada no ar, mas desisti. Apertei a mão dele. Não custou nada – fala Leão.

Emílio Garrastazu Médici era o presidente do Brasil, que vivia sob ditadura militar. Populista, gostava de ir ao Maracanã com radinho de pilha no ouvido. E resolveu que os 150 anos da Independência do Brasil deveriam ser comemorados com um grande torneio de futebol, no qual os tricampeões do mundo mostrariam sua arte aos brasileiros. A propaganda maciça fez com que a palavra sesquicentenário, difícil de ser pronunciada, caísse na boca do povo.

E no dia 28 de junho de 1972, o Brasil estreou contra a Tchecoslováquia, com um empate por 0 a 0. Leão era o goleiro. Em relação à Copa de 1970, além de Leão, as novidades eram Zé Maria, Vantuir, Marco Antônio e Paulo César. Os remanescentes da grande conquista eram Brito, Clodoaldo, Gérson, Rivelino, Tostão e Jairzinho. A defesa era quase totalmente nova, apenas com Brito mantido. Daí para a frente, apenas Pelé estava fora. Seu lugar era ocupado por Paulo César. Uma troca que mostrou-se insuficiente, tanto para garantir o título que os militares queriam – o Brasil perdeu a final para Portugal, por 1 a 0 – quanto para a sonhada conquista do tetra em 1974 – a Alemanha sagrou-se bicampeã.

Após a derrota, Leão voltou ao Palmeiras para um ano de glória. Em 3 de setembro, com um empate por 0 a 0 com o São Paulo, o time ganhou o Campeonato Paulista. No final do ano, veio o título brasileiro. Aos 23 anos, Leão era titular da seleção e da Academia, aquele fabuloso time que está na ponta da língua de todo palmeirense: Leão, Eurico, Luis Pereira, Alfredo e Zeca; Dudu e Ademir; Edu, Leivinha, César e Nei.

Mascarado e profissional

E além dos títulos, Leão ganhou a fama de mascarado. Ele concorda em parte. "Eu era um pouco marrento, sim. Mas também era tímido. Nunca fui de mentira, conversa mole e rodinha. Não gosto de aparecer em revista, não me ofereço para ir à televisão, não tenho marketing. Isso atrapalha."

Naquele tempo, atrapalhava mais ainda. Os grandes craques não estavam na Europa, dividiam-se entre Rio e São Paulo. E os jornalistas eram reflexo do bairrismo. Paulista só elogiava paulista, carioca só defendia carioca. Era uma luta para ver qual estado tinha mais gente na seleção. E o garoto paulista de poucas palavras era um prato cheio para a forte imprensa do Rio de Janeiro.

"Eles não me queriam como titular. E a briga era boa porque em toda convocação, tinha de ter um goleiro do Rio. Isso era certeza. E eu não dava moleza mesmo, então, tome críticas..."

Além de mascarado, Leão era conhecido como goleiro galã, de grande sucesso com as mulheres.

– Olha, eu me casei em 1976, após sete anos de namoro. E nunca dei bola para essas meninas que ficavam em cima da gente. Se quisesse, eu poderia ter aproveitado, porque elas se interessavam por mim, sim. Os colegas nem deixavam que eu participasse de conversa com a mulherada.

Símbolo sexual

Eram tempos de liberação sexual e Leão foi uma espécie de símbolo desse período. As mulheres gostavam de suas pernas – os calções da época eram muito mais apertados do que os de hoje – e Leão foi convidado a fazer propaganda de uma marca de cueca.

– Fui o primeiro jogador a fazer propaganda. E logo de cueca. Ganhei um bom dinheiro e muita gozação dos companheiros, mas valeu a pena. Teve também a propaganda do frango Sadia. Eu tinha de dizer que o único frango que eu aceitava engolir era o da Sadia. Era

Os companheiros diziam que Leão era galã e pediam que ele não se aproximasse quando estavam conversando com alguma garota.

uma responsabilidade grande. E se eu tomasse um frango? Então, pedi 50% a mais do que ofereceram. Eles se recusaram e procuraram outros goleiros. Não teve um que aceitasse. Então, voltaram a falar comigo e pedi o dobro. Pagaram. E nunca levei frango – recorda Leão.

Em 1973, Leão ajudou o Palmeiras a ganhar o bicampeonato brasileiro. E, no ano seguinte, estava em sua segunda Copa do Mundo. Aos 25 anos, a primeira como titular. Além de espalmar o chute de Cruyff, foi notado por comandar uma defesa muito sólida, com Zé Maria, Luís Pereira, Marinho Peres e Marinho Chagas. Não sofreu gol nos três primeiros jogos (0 a 0 contra Escócia e Iugoslávia e 3 a 0 no Zaire).

A segunda fase tinha oito times divididos em dois quadrangulares. Os primeiros colocados disputariam o título. Os segundos, o terceiro lugar. Na estreia, vitória por 1 a 0 sobre a Alemanha Oriental. No jogo seguinte, vitória por 2 a 1 sobre a Argentina. O gol de Brindisi, de falta, aos 35 minutos foi o primeiro sofrido por Leão. Ficou invicto por 395 minutos.

A Holanda havia goleado a Argentina por 4 a 0 e derrotado a Alemanha Oriental por 2 a 0. Jogava por um empate. E derrotou os campeões do mundo por 2 a 0. Na disputa pelo terceiro lugar, derrota por 1 a 0 para a Polônia. O Brasil ficou em quarto lugar e Leão foi acusado de haver agredido Marinho Chagas no vestiário.

Briga com Marinho Chagas

— É até chato falar sobre isso, depois de tanto tempo. Nosso time era muito bom, mas foi superado pela Holanda. Se o Jair e o Paulo César tivessem marcado no primeiro tempo, dava até para ganhar. Mas, tudo bem. Fomos para decidir o terceiro lugar. E eu queria ganhar. Terceiro é melhor do que o quarto. Avisei todo mundo que o Lato, da Polônia, era muito perigoso. Que caía pela direita, todo mundo estava avisado. E o Marinho só pensava em atacar. No final do jogo, perdemos por 1 a 0 com gol do Lato e eu tive uma discussão forte com ele. Mas não teve murro como falaram. Nada disso.

Ainda em 1974, o Palmeiras ganhou o Paulista e o Torneio Ramón de Carranza. Em 1976, ganhou o Paulista. Era o último título importante antes de um jejum que se prolongaria até 1993. E, na seleção, Leão passava a ter concorrentes de peso. Não como Chicão, no início do Palmeiras, mas gente de gabarito como Waldir Peres.

— Teve a Taça do Atlântico, contra Paraguai, Argentina e Uruguai. Nem fui chamado. O Brandão levou o Waldir e o Jairo, mas no torneio de 200 anos da Independência dos Estados Unidos, eu é que estava. Eu era assim mesmo. Quando estava por cima, como titular, treinava muito. Quando me colocavam na reserva, treinava muito mais e voltava.

Leão voltou e foi titular nas 38 partidas seguintes, de 23 de maio de 1976 até 31 de outubro de 1979. Ganhou o Torneio Bicentenário. Esteve nas Eliminatórias e foi "campeão moral" em 1978, naquele Brasil comandado por Cláudio Coutinho.

Leão era o capitão do time. O Brasil não empolgou na primeira fase, com empates contra a Suécia (1 a 1) e a Espanha (0 a 0). Como em 1974, o time precisava de uma vitória no terceiro jogo. Ela veio, por 1 a 0, contra a Áustria.

Na segunda fase, o Brasil caiu em um grupo com Argentina, Polônia e Peru. Todos contra todos e o campeão ia à final. Na primeira rodada, o Brasil venceu o Peru por 3 a 0 e a Argentina ganhou da Polônia por 2 a 0. Na segunda rodada, a Polônia venceu o Peru por 1 a 0, e Brasil e Argentina fizeram um tenso e violento clássico sul-americano. Empate por 0 a 0.

Na terceira e decisiva rodada, o Brasil venceu a Polônia por 3 a 1. Chegou a cinco pontos, com seis gols a favor e apenas um contra. Saldo de cinco. Para superá-lo, a Argentina precisava golear o Peru por 4 a 0. Ganhou de 6 a 0.

– Não posso dizer que foi roubado, fica muito forte. Mas que foi um resultado arranjado, não tenho dúvidas. Quando o tempo passou, alguns peruanos confirmaram o fato. E não se pode esquecer que o goleiro deles era o Quiroga, que nasceu na Argentina. Foi muito frustrante. Brasil e Argentina deveriam ter jogado na mesma hora. Não foi assim. Quando eles entraram em campo, já sabiam de quantos gols precisavam.

A revolta foi grande. O Brasil venceu a Itália e ficou com o terceiro lugar. Invicto. Foi chamado de "campeão moral" por Cláudio Coutinho. A Leão restou deixar a sua terceira Copa (segunda como titular) com um grande retrospecto. Foram sete partidas e apenas três gols sofridos. Ficou 458 minutos sem tomar gols.

Em duas Copas, Leão jogou 14 partidas e sofreu seis gols. Ainda sonhava com um título, mas não teve chance.

Expulsão e derrota

Em 10 de agosto de 1978, dois meses após a Copa, Leão estava novamente no gol do Palmeiras, disputando o seu terceiro título brasileiro. O adversário era o Guarani, que venceu a primeira partida, no Morumbi, por 1 a 0, diante de 99.829 torcedores. Aos 30 minutos do primeiro tempo, Careca, o habilidoso centroavante do Guarani, caiu ao chão. Arnaldo César Coelho apitou pênalti e expulsou Leão. O atacante Escurinho foi para o gol e não defendeu a cobrança de Zenon.

No dia 13, nova vitória do Bugre e o título brasileiro foi, pela primeira vez, para uma cidade do interior, Campinas. A polêmica expulsão apressou a saída de Leão do time. Depois de 11 anos, o Palmeiras teria um novo goleiro e Leão teria um novo time. Até hoje, ele não reconhece a falha.

– O Careca era um menino de 18 anos e eu era experiente, tinha 29 anos, não ia cair em provocação. Ele ficou na minha frente, impedindo a reposição de bola. Dei um pequeno empurrão e ele desmanchou no chão. O Arnaldo estava de costas para o lance, mal colocado. Ele adorava o Guarani. O Arnaldo caiu na cera do Careca e me expulsou – jura Leão.

Mesmo tendo ficado 457 minutos sem sofrer gols, Leão não continuou no Palmeiras. Ele começou o ano no Vasco, onde ficou por dois anos.

– Havia um preparador físico violento, chamado Hélio Vigio, que foi bater no Zé Mário, nosso volante. Eu encarei o Vigio, para defender o Zé Mário, e a corda estourou para o lado dos jogadores. Fomos mandados embora.

Em 1981, foi campeão brasileiro pela terceira vez, agora pelo Grêmio. Em seguida, transferiu-se para o Corinthians, que viva a época da Democracia Corinthiana, comandada por Sócrates e Casagrande.

"A gente foi campeão, mas não me dei bem com o pessoal. Eu não me posicionava politicamente e, cá entre nós, não achava que aquilo era democracia. Meu negócio era treinar muito e só."

Desde 1980, Leão não tinha mais chances na seleção, que agora era comandada por Telê Santana. Ele apostou em Waldir Peres. E Leão não pôde disputar a sua quarta Copa do Mundo.

– O Telê resolveu não me convocar. Todo mundo estranhou e ele não explicava o motivo. Dizia que já me conhecia e que na hora certa, eu seria titular. E a hora não chegou. Ele não me levou. Diziam que

Telê tinha medo de me colocar na reserva, mas ele não falou sobre isso comigo. Fiquei de fora e tinha chance de jogar – lembra.

Em 1984, Leão voltou ao Palmeiras. E, em 1986, até ele se surpreendeu ao receber de Telê a chance que esperava há quatro anos. Foi convocado para a Copa, como reserva de Carlos.

– O Telê voltou da Arábia e perguntou ao Valdir de Moraes quem estava jogando bem. O Valdir falou que era eu e fui chamado. Com 37 anos, fiz revezamento na reserva. Não reclamei, mas merecia mais – afirma.

O final da carreira foi em 1987, no Sport, em Recife.

– Eu estava querendo me aposentar e recebi o convite do Sport. No meio do campeonato, o treinador caiu e pediram que eu assumisse. Fomos campeões brasileiros – comenta Leão, lembrando a passagem pelo Sport, clube em que atuou como goleiro e treinador, na mesma temporada.

Leão não aceita que o título de 1987 seja do Flamengo.

– O regulamento dizia que deveria haver cruzamento entre os campeões dos dois módulos. Eles não aceitaram cumprir o regulamento. Então, o título é nosso. Está escrito na CBF, não tem motivo para reclamar.

Como técnico, Leão conseguiu alguns títulos importantes. Foi bicampeão da Conmebol com o Atlético Mineiro, em 1997, e com o Santos, em 1998. Em 2001, assumiu a seleção brasileira. Tinha a promessa de que seu trabalho seria analisado a longo prazo e que títulos não fariam falta no momento. O importante era se classificar para a Copa de 2002.

Mas havia a Copa das Confederações no meio do caminho. O Brasil venceu Camarões, empatou com Canadá e Japão, perdeu para França e Austrália, e Leão, após sete meses de trabalho, três vitórias, quatro empates e três derrotas, foi demitido.

O descobridor de Robinho e Diego

Imediatamente, assumiu o Santos e teve o grande mérito de lançar uma geração de jovens jogadores de muito talento. O mesmo time tinha garotos como Robinho, Diego, Elano, Renato e Alex. Foi campeão brasileiro em 2002. Em 2005, ganhou o Campeonato Paulista pelo São Paulo. Deixou o São Paulo antes do início da Libertadores, que foi vencida com Paulo Autuori.

Leão, o marrento, não é arrogante ao falar de sua carreira como jogador.

– Tinha uma impulsão muito grande e muito reflexo. E reflexo tem de ser bem tratado. Então, não ficava na bebedeira, não dormia tarde, tinha certeza de que precisava estar sempre muito bem. E trabalhava muito. Fui um bom goleiro em uma época. Não posso ser comparado aos goleiros de hoje, que são mais bem treinados, são muito mais altos e mais fortes. E não têm o azar de jogar contra Rivellino, Pelé, Pedro Rocha, Enéas, Zico, Dinamite e outros, domingo após domingo. Os grandes craques, para nosso azar, não estavam na Europa, estavam aqui – diz Leão, com uma ponta de ironia.

Competitivo como sempre, não deixaria barato que os goleiros de hoje são melhores do que os de ontem, quando ele reinou com elegância, elasticidade, arrogância e trabalho, muito trabalho. Atualmente é técnico do Goiás.

Émerson LEÃO
11/7/1949

TÍTULOS		
	Palmeiras	Campeonato Paulista 1972, 1974, 1976
		Taça Roberto Gomes Pedrosa 1969
		Troféu Ramón de Carranza 1969, 1974
		Campeonato Brasileiro 1972, 1973
	Grêmio	Campeonato Gaúcho 1980
		Campeonato Brasileiro 1982
	Corinthians	Campeonato Paulista 1983
	Seleção brasileira	Taça Independência 1972
		Torneio Bicentenário da Independência dos EUA 1976
		Taça do Atlântico 1976
		Taça Osvaldo Cruz 1976
		Copa do Mundo 1970

ENTREVISTA
LEIVINHA

> "Leão era perfeccionista, não gostava de brincadeira e defendia os companheiros."

O Palmeiras que até hoje habita o imaginário de todo palmeirense tinha Leão no gol, mas também tinha um ponta de lança muito rápido e habilidoso, ótimo com os pés e com a cabeça: João Leiva Campos Filho, o Leivinha. Leão, Eurico, Luís Pereira, Alfredo e Zeca; Dudu e Ademir da Guia; Edu, Leivinha, César e Nei são os 11 nomes repetidos em três ou quatro segundos por quem gosta do Palmeiras. Ou de futebol.

Revelado ao Brasil pela Portuguesa, que o buscara em Lins, interior paulista, Leivinha chegou ao Palmeiras em 1971. No ano seguinte, participou da Copa Independência, torneio nacional que reuniu grandes seleções do mundo para comemorar os 150 anos da Independência do Brasil. Ainda nesse ano, marcou o milésimo gol da seleção brasileira, em uma goleada por 5 a 0 contra a Bolívia.

Em todo esse período, conviveu bastante com Leão. Nessa entrevista, além de mostrar o goleiro como alguém pouco afeito a brincadeiras, mostra também o lado mais importante de Leão: um profissional sério, dedicado, que nunca se lesionava, líder dentro e fora de campo (principalmente nas reivindicações junto à diretoria) e que sempre buscava a vitória. Um homem que não gostava de brincadeiras, mas que não apelava quando era gozado. Além de ser uma segurança para os companheiros.

Qual era o estilo de Leão como goleiro?
Era muito regular, por incrível que pareça. Tinha braços curtos para a altura dele. Goleiro tem mão grande, geralmente, e ele não tem. Ele adorava treinar e acabou com essa deficiência. Sempre se aprimorando. Por isso, era muito regular. Difícil falar sobre sua maior virtude. Profissional determinado, era o primeiro a chegar e o último a sair do treino.

Aparecia muito nos jogos?
Sim, mas pelas defesas que fazia e não pelo modo como fazia. Tem goleiro que aparece porque salta muito, pula de um lado para o outro, mesmo quando a bola é fácil. Adoram pontes e valorizam as defesas que fazem. Leão, não. Era discreto e não era de grandes saltos, não fazia pontes. Dá para comparar o Leão com o Valdir de Moraes, que era baixo, mas tinha uma colocação sensacional. A diferença é que o Leão era mais alto e tinha mais facilidade na bola pelo alto. Quando precisava, ele ia buscar.

Não existia treinador de goleiros. Como ele fazia?
Ele treinava sozinho. O Valdir foi quem começou, justamente com o Leão. Ele aproveitou muito esses treinamentos individuais. Sempre queria aproveitar para melhorar os detalhes. Ele não dizia, mas a gente sentia que nunca estava contente, sempre queria mais, queria atingir o auge.

Como era o relacionamento pessoal com ele?
Ele era dono de uma personalidade muito forte, sempre criou muitos problemas, é uma pessoa de difícil relacionamento. Era meio estranho na questão de afetividade. Eu me dava bem com ele, mas sem a intimidade que tinha com os outros. Não era de grupo. A gente se reunia para tomar uma cerveja em dia de aniversário e ele não ia. Ele ficava longe de batucada, da sinuca e das cartas, sempre isolado. Ele era arredio com brincadeira, mas a gente brincava do mesmo jeito e ele reclamava, mas não tinha o que fazer.

LEÃO

Leivinha foi companheiro de Leão no Palmeiras e também na Copa de 1974, e sempre viu no parceiro um profissional dedicado e com pouca vontade para brincadeiras.

Esse estilo dele, bastante arredio, não atrapalhava o time?
Eu o respeitava muito porque era um grande profissional. Um grupo de jogadores não precisa ser amigo para ter sucesso em campo. Tivemos cinco anos de glórias juntos.

Ele tinha fama de conquistador?
Tinha sim. Foi um dos primeiros jogadores a ter bastante exposição na mídia. As mulheres gostavam. Lembra quando ele fez propaganda de cuecas? A gente ficava falando que ele tinha perna forte e roliça e ele ficava louco da vida. A gente brincava, mas sabia que ia ter reclamação, então você tinha que saber até onde podia ir. Ele colocava limites e a gente respeitava. O Leão nunca ofendeu ninguém por causa de uma brincadeira, reclamava, mandava parar, mas não gritava ou falava palavrão.

Como era a liderança dele?
Ele sempre buscava a vitória, era perfeccionista e isso fazia com que os outros trabalhassem também. O Ademir [da Guia] era capitão do time, mas pela história dele no Palmeiras e pelo futebol que jogava. Agora, quando precisava resolver algo com a diretoria, íamos o Leão, eu, o Luís Pereira e o Dudu. Ele falava e defendia os outros. Nesse ponto era muito bom de grupo e solidário. Nunca pedia nada só para ele.

Nas cobranças de escanteio, gritava com os companheiros, assumia a jogada?
A pequena área era dele. E tinha uma zaga ótima com Luís Pereira e o Alfredo Mostarda. O Luís era técnico e tinha ótima colocação. O Alfredo era forte, mais viril. Um carregava o piano e o outro tocava. Mesmo assim, o Leão assumia a responsabilidade. Não gostava de perder e às vezes brigava com a zaga.

Quais eram as outras características dele?
Ele era agressivo, tinha uma bela saída de gol. Também possuía boa reposição de bola. Na época, não havia tanta necessidade como hoje. Hoje em dia, precisa ser habilidoso e talvez o Leão tivesse alguma dificuldade. Quando a gente fazia rachão, ele era o centroavante. Não era grosso, mas não tinha habilidade para se comparar com os goleiros de hoje. A soltura de bola era geralmente com os pés.
O Palmeiras era um time essencialmente técnico. Eu era a referência lá na frente. Soltava na minha direção porque eu tinha boa impulsão. Fazia bons contra-ataques. Outras vezes saía com a mão, mas bem menos.

Aquela Academia do Palmeiras começava com um grande goleiro?
Sem dúvida. O Palmeiras era um time menos espetacular que o grande Santos de Dorval, Mengálvio, Coutinho, Pelé e Pepe, que era um baita time, mas não tinha uma defesa tão boa quanto a nossa. Nosso time era mais equilibrado. Essencialmente técnico. Dificilmente dávamos goleada, pois jogávamos em torno do Ademir, que cadenciava a partida, sem sair para o ataque o tempo todo. Não tinha aqueles placares do tipo 7 a 4 como o Santos fazia sempre. A gente fazia 3 a 0, sem agredir muito o adversário, e depois ficávamos tocando a bola.

Na hora de entrar em campo, fazia preleção?
Falava bastante. Ele tinha espírito de liderança e orientava o time. Ele via o jogo todo lá de trás. Grandes técnicos foram grandes goleiros no passado.

Ele dava poucas chances aos reservas, não?
Dificilmente deixava o time. O reserva sempre se ferrava. Goleiros como Valdir [de Moraes], o Leão e, hoje, o Rogério Ceni, querem jogar sempre. Não dão nenhuma oportunidade.

Como foi a Copa de 1974? Vocês tinham a mesma idade, mas ele já estava indo para a segunda competição. Ajudou você?
Eu estive na Minicopa em 1972, já tinha sido chamado para a seleção, mesmo quando ainda jogava pela Portuguesa. A Copa da Alemanha foi a minha primeira, mas eu não era totalmente inexperiente. É claro que o Leão era bem mais experiente, tinha estado no tricampeonato do México, quatro anos antes. Acabei me machucando no terceiro jogo e não pude mais jogar. Ele já tinha uma grande bagagem e foi muito bem. Estava com 25 anos e passou muita segurança para todo mundo.

E como foi aquela tão falada confusão com Marinho Chagas?
O Leão tinha toda razão. Marinho abandonava a lateral, era quem mais aparecia para o público, mas não para o time. Ficou um corredor e a defesa toda ficou contra ele. Os dois discutiram, mas não houve agressão como se fala até hoje, mas houve uma cobrança muito dura do Leão. Para mim, o grande culpado foi o Zagallo, que não pediu pro Marinho ficar mais preso à defesa. Ele tinha de segurar o Marinho. E não fez nada disso. Ele aparecia sete ou oito vezes e largava tudo lá atrás. Não foi só o Leão que reclamou. O Alfredo foi o primeiro a chiar, porque teve de ficar marcando o Lato [atacante da Polônia e artilheiro da Copa com sete gols] porque o Marinho saía muito. O Alfredo talvez não estivesse preparado para jogar, pois era reserva e quem fica muito tempo no banco acaba não esperando uma chance. E, por causa disso, o Zagallo deveria ter brecado o Marinho. É para isso que se tem treinador.

Como foi o desempenho dele no bicampeonato brasileiro de 1972-73?
Muito bom. O Palmeiras foi campeão paulista invicto em 1972 e nas finais do Brasileiro fomos campeões com dois empates nas finais – Botafogo e São Paulo – e ganhamos os títulos. O Leão era uma muralha. Em 1972, ganhamos cinco títulos e ele esteve em todos, sempre atuando de maneira segura. Além disso, não se lesionava, nunca sofria contusões. Vencemos o Campeonato Paulista, o Campeonato Brasileiro, O Torneio Laudo Natel, o Torneio Ramón de Carranza [Espanha] e o Torneio Mar del Plata [Argentina].

Como era a relação dele com o Serginho Chulapa que pisou na cara dele na final do Brasileiro de 1981, quando o Leão jogava pelo Grêmio?
Eles não se bicam até hoje. Não sei o motivo. Dificilmente você vai achar alguém que se dê bem com Leão. Tem um estilo "sargentão". Quando fica muito tempo em um time, passa a desgastar pela maneira de ser. É complicado, mas eu o entendia.

Ele tinha algum defeito?
Às vezes falhava, mas não reconhecia, não tinha essa virtude. Não tinha a grandeza de assumir o erro. Mas foi um dos maiores goleiros que vi jogar.

CAPÍTULO 6

ZETTI

Levou o São Paulo,
por dois anos seguidos,
ao topo da América
do Sul e do mundo,
o que lhe garantiu um lugar
na seleção tetracampeã
do mundo, em 1994.

Por mais que o estádio esteja lotado – e havia 105.185 pagantes no Morumbi naquele 17 de junho de 1992 – é solitário o encontro entre o goleiro e o cobrador de pênaltis. Frente a frente, a 11 metros de distância, protagonizam uma disputa com carga emocional semelhante à de um duelo do Velho Oeste.

Com uma agravante. Quando a bola substitui o *Colt 45*, o assunto deixa de ser particular. Interessa a torcedores que estão no estádio, na poltrona de casa, em frente à televisão, com o radinho ligado, em outro país, seja onde for.

Quando o que está em jogo é o título de campeão da América, tudo ganha ainda mais peso. Fernando Carlos Gamboa, o batedor do Newell's Old Boys, e Armelino Donizetti Quagliato, o Zetti, goleiro do São Paulo, sabem disso. Depois de tantos meses e tantos jogos, a decisão estava entre eles. E a responsabilidade bem maior era do zagueiro argentino. Os companheiros Berizzo e Mendoza haviam perdido seus penais. Pelo São Paulo, apenas o zagueiro Ronaldão errara.

O título estava sendo decidido nos pênaltis porque os dois jogos haviam terminado em 1 a 0, com os argentinos vencendo em casa e Raí fazendo o gol do São Paulo no Morumbi. Agora, o time de Zetti vencia por 3 a 2. Gamboa precisava marcar e ainda torcer para que o amigo Scoponi defendesse a última cobrança. Autorizado pelo árbitro José Joaquín Torres Cadenas, da Colômbia, deixou o meio-campo e dirigiu-se à marca do pênalti.

Todos olham para a sua caminhada. Os colegas, os adversários, o povo de Rosário, na Argentina, que via pela televisão – torcedores do Newell's torcendo por ele, os do Rosario Central contra ele –, são-paulinos na expectativa por seu erro, corintianos, palmeirenses, santistas e lusos esperando o seu sucesso – todos olham para Gamboa.

Nem todos. O olhar de Zetti está dirigido para um ponto bem mais atrás. O goleiro, no auge da forma, não tem Gamboa como principal alvo de seu foco de visão. Não escuta o dramático silêncio do Morumbi, nem percebe as orientações do árbitro. Zetti olha para 40 metros mais longe, de onde saiu o zagueiro. Lá, outro goleiro está afastado dos abraços dos tricolores e não participa da corrente de fé dos companheiros que tentam impedir o gol argentino.

Alexandre Escobar Ferreira, negro de 19 anos e 1,90m, é o reserva de Zetti. É o seu sucessor, não há dúvidas no Morumbi. Todos sabem que quando Zetti se aposentar, a camisa 1 será de Alexandre. Não foi isso que ele provou ao entrar naquela fria, contra o Nacional, em Montevidéu, quando Zetti foi expulso? O garoto não tremeu e defendeu tudo. No Morumbi, quando Zetti cumpriu suspensão, ele novamente foi destaque.

A estrela ascendente, que morreria em um acidente automobilístico alguns meses depois, é o parceiro de Zetti na hora da decisão. Sim, aquele duelo teria 2 contra um. De longe, ele faz sinais frenéticos a Zetti, que, totalmente concentrado, os decifra imediatamente.

Pênalti defendido. É campeão!

Quando Gamboa parte para o chute, Zetti sabe que a bola vai para o seu canto esquerdo à meia altura. Ele coloca toda a força do pensamento, toda a elasticidade dos músculos, toda a vontade de ser campeão naquele salto, que termina em defesa, vitória e título. Auxiliado por Alexandre, que lhe repassava anotações feitas por Valdir Joaquim de Moraes, preparador de goleiros que havia assistido aos jogos anteriores do Newell's, Zetti era campeão da Libertadores. E com direito a todos os sonhos possíveis. Como ser titular do Brasil na Copa de 1994.

– Comemorei muito aquele título. Senti que havia cumprido uma parte da minha carreira. No ano anterior, eu tinha sido campeão brasileiro e não havia sido chamado para a seleção. Então, coloquei na cabeça que, se a gente vencesse a Libertadores, eu teria minha chance.

Zetti chegou ao São Paulo em 1990 para refazer uma carreira que esteve ameaçada depois de uma fratura sofrida num jogo contra o Flamengo, no Maracanã.

Por isso, vibrei tanto. Sabia que estava muito bem e que poderia chegar à Copa de 1994 – lembra Zetti.

Ah, a seleção! Zetti sonhava com ela, desde os 14 anos, quando trocou os jogos de futebol, vôlei e handebol em Capivari, no interior de São Paulo, onde era apenas o promissor irmão de Vado, o melhor goleiro da cidade, por um período de testes no Guarani, em Campinas. Ficou lá por três anos, até ser dispensado.

— Com 14 anos, eu tinha 1,83m e me destacava em todos os esportes. Jogava no Capivariano e o Ariovaldo [Vado], que é quatro anos mais velho, estava no União Barbarense, mas ele preferiu ficar tomando conta da lanchonete do meu pai. Eu é que fui em frente, já sonhava alto até ser dispensado pelo Guarani. Até hoje não sei o motivo.

Zetti não teve muito tempo para chorar. Em seguida, recebeu um convite para treinar no Palmeiras. Um motorista o levou até São Paulo. Deveria se apresentar na Barra Funda. Quando estava perto de lá, no Playcenter, viu alguém conhecido, esperando um ônibus. Era Cidinho, zagueiro do Guarani nos anos 1960 e que era seu treinador nas categorias de base do clube. O mesmo Cidinho que havia lhe garantido nada saber sobre a dispensa.

"Gostava muito dele e pedi para o carro parar. Foi então que vi uma coincidência muito grande. Acredito em destino e percebi que as coisas iriam melhorar para mim."

Destino? Pode ser. O fato é que o diálogo com Cidinho deixou Zetti muito animado com o seu futuro. "Tudo bom, Cidinho? Vai para onde?", perguntou Zetti. "Lá no Palmeiras.", respondeu o zagueiro. "Eu também. Estou indo para fazer um teste lá." Foi quando Cidinho revelou: "Eu sei. Estou trabalhando lá e fui eu que te indiquei".

Ter alguém conhecido em uma nova cidade, em um novo clube, foi muito importante para Zetti, ainda um garoto com pouca experiência. E logo ele viu que a concorrência seria muito grande.

Dez goleiros no Palmeiras

— Havia dez goleiros da minha idade. Todo mundo sonhando com sucesso. Então, apareceu um convite do Toledo, clube do Paraná. Eles estavam procurando jogadores para o campeonato paranaense e foram atrás de um goleiro no Palmeiras. Aceitei na hora. Pensei em fazer um bom campeonato e voltar.

Um passo atrás para se dar dois à frente, depois. A estratégia de Zetti deu mais certo do que ele poderia pensar.

— Eu estava com 18 anos e encarei uma responsabilidade muito grande. O Toledo foi quarto colocado, atrás apenas dos três grandes de Curitiba. Nunca havia conseguido isso. Fui eleito pelos jornalistas como o melhor goleiro do campeonato. Só pensava que voltaria ao Palmeiras com alguma coisa para mostrar no currículo.

Mas a aventura paranaense traria mais compensações à Zetti. Ele foi convocado para a seleção de juniores do Paraná, que disputaria o Campeonato Brasileiro de Seleções.

— Era um time jovem e muito unido. O lateral-esquerdo era o Dida, que foi campeão mundial de juniores no ano seguinte. O time foi bem até as quartas de final, quando enfrentaria os gaúchos. Eles eram os favoritos, mas a gente ganhou e foi para a semifinal contra São Paulo, que tinha o Denis, do Palmeiras, o João Brigatti, da Ponte e o Davi, zagueiro do Santos. Vencemos por 1 a 0 e eu joguei muito bem. Na final, ganhamos duas vezes do Rio. Estava pronto para voltar.

Foram apenas três meses, mas muito intensos. Mudaram a vida de Zetti. "Eu saí do Palmeiras como o décimo goleiro, no mínimo, e voltei como o terceiro. Na minha frente, estavam apenas o Leão, grande titular, e o Martorelli."

E os sonhos começaram a deixar de ser sonhos. No ano seguinte, em 1986, Leão foi convocado para a sua quarta Copa do Mundo. Telê, que não o havia chamado em 1982, agora o levava para uma posição de pouco destaque. Seria o reserva de Carlos e Paulo Victor. Martorelli virou titular do Palmeiras. E Zetti, o titular do banco.

Em 1987, Leão já não estava mais no Palmeiras, terminando a carreira no Sport, de Recife. E Martorelli, o novo titular, cometeu uma besteira que não se deve fazer quando o reserva é bom. Foi expulso e deu chance a Zetti.

Um turno sem tomar gols

– O técnico era o Valdemar Carabina. Ele me colocou como titular contra o Guarani, fui bem e não saí mais. Fiquei 13 jogos sem tomar gols. Um turno inteiro do Paulistão, que é um campeonato muito duro. Comecei a ver meu nome bastante falado.

Já se falava em Zetti, então com 22 anos, na seleção brasileira. Os elogios vinham de todos os lados. Até de quem recomendava mais cautela. Diziam que era ainda cedo.

– O João Saldanha me elogiava, mas repetia sempre que goleiro de seleção tinha de ter 28 anos. Falava que o auge seria esse. Eu não gostava de ouvir isso, principalmente porque o João tinha grande influência, era um dos jornalistas mais conhecidos. Eu achava que idade não tinha nada a ver, e que a minha hora já estava chegando.

Por motivos tortos e muito dolorosos, a tese de João Saldanha prevaleceu. Zetti teria chances efetivas na seleção somente após a defesa de Gamboa. Mas o motivo não teve nada a ver com a idade. A causa foi uma fratura.

Em 1988, a fratura

– É impressionante como você ouve o barulho de um osso quebrando. Mesmo com toda a torcida berrando no jogo, você ouve o barulho. Eu ouvi nitidamente. Nada mais importava, tudo era um silêncio diante do barulho da minha perna quebrando. Depois do barulho, eu apaguei. É só dor e sangue, uma tristeza muito grande e o choro que não para. Foi assustador, cara.

Foi em 17 de novembro de 1988. O Palmeiras vencia o Flamengo por 1 a 0, no Maracanã, pela Copa União, até o último minuto do jogo. Foi então que Zico lançou Bebeto, em velocidade.

– Saí para chutar a bola, despachar para longe e chutei o joelho do Bebeto. A trava da chuteira dele rasgou a minha perna esquerda. Eu fui para chutar com a perna direita, o Bebeto se apoiou no chão e senti na hora que havia sido uma fratura. Saí de maca, sem saber se poderia voltar a jogar futebol um dia.

A vida esportiva de Zetti, que acumulava sucesso após sucesso, sofria ali o seu grande revés. A fratura foi apenas o ponto mais alto de um ano de sofrimento que se iniciava ali.

– Eu chorava muito, de dor, de tristeza, de incerteza. Os maqueiros do Flamengo foram muito legais, ficavam me incentivando bastante. Até hoje sou amigo deles. Para complicar, ainda na descida do vestiário, ouvi um barulho enorme da torcida do Flamengo. Perguntei o que era e disseram que era gol do Bebeto. Estava tão ruim que perguntei se o jogo ainda não havia terminado. Para mim, já estava acabado.

A Copa União não permitia jogos empatados. Nesse caso, havia disputa por pênaltis, que dava um ponto extra ao vencedor. O atacante Gaúcho, que substituiu Zetti, fez duas defesas e o Flamengo foi derrotado. Uma curiosidade que a torcida palmeirense ainda lembra, juntamente com a fratura do ídolo.

A viagem de volta para São Paulo foi terrível. Zetti, na maca, pouco se mexia. "Foi só o começo. Fiquei engessado 45 dias, sem poder me mexer. Hoje em dia, é tudo diferente, há uma tala removível que sai em uma semana. Os recursos da medicina eram poucos naquele tempo."

Ainda mais no Palmeiras, que possuía poucos recursos.

— Lá, não existia fisioterapia. Era só toalha quente, forno de bier e turbilhão, uns métodos que já estavam ultrapassados naquela época. Levou seis meses para recuperar a fratura. E ainda tinha de fortalecer o tornozelo e a musculatura da perna. Foi muito duro.

A dor era também emocional. Zetti, com casamento marcado, teve de usar muletas na cerimônia – o que até que não doeu muito, ruim mesmo foi trocar o destino da lua de mel: de Bariloche para um hotel fazenda. Logo a depressão foi tomando conta do jogador.

— Eu era o goleiro da moda, vamos dizer assim. Todo mundo falava de mim, era a grande revelação do Brasil, juntamente com o Taffarel, e eu sonhava com a Copa. E me vi sozinho, treinando em um lugar sem condições e sofrendo com o futuro. Aí, fui fazer alguma coisa para apressar o tratamento e me dei mal.

Convidado por Marco Aurélio Cunha, na época, médico do São Paulo, Zetti foi se tratar no clube tricolor, durante as férias dos jogadores.

— Era o único lugar que tinha fisioterapia adiantada e fui me tratar com o Luiz Rosan, que depois iria para a seleção. Eu não fui atrás do São Paulo, apenas aceitei um convite nas minhas férias. Mas o Palmeiras não aceitou e me tirou de lá.

Encostado no HC

Zetti viveu então o pior momento de sua recuperação.

— Eles me mandaram para o Hospital das Clínicas. Não era um lugar especializado, eu convivia com sedentários. O cara que caiu em casa quando estava fazendo um churrasco fazia o mesmo tratamento que o meu. Era um horror. Aí, eu desanimei muito. Levei um ano e dois meses para me curar.

Foi então que apareceu um novo Zetti, descuidado da forma física – ganhou alguns quilos –, mais triste e que trocou o esporte pela pintura.

— Precisava fazer alguma coisa para afastar os pensamentos ruins da cabeça. Desanimei muito. Fiquei um ano e dois meses. Hoje é quatro meses. Engordei, fiquei deprimido, comecei a pintar. Os quadros até que não eram ruins, mas eu queria mesmo era jogar.

Em 1989, Zetti estava de volta ao Palmeiras. Não era mais um dos grandes goleiros do Brasil. O seu nome, que sempre causava admiração, agora era fonte de desconfiança. Não seria o titular, é lógico, pois o Palmeiras tinha um novo goleiro, Velloso, que pintava como grande revelação. O que Zetti não esperava era ficar longe até do banco de reservas.

– O treinador era o Leão. E ele resolveu fazer um revezamento na reserva. Eu teria chance em um jogo e o Ivan em outro. Não gostei. Não aceitei, achei que merecia mais do que isso e fui afastado do time. Eu nunca briguei com o Leão, mas fiz a minha reivindicação dessa maneira. Fui afastado do elenco. Passei a treinar separado dos outros jogadores.

Eram os tempos da Lei do Passe. O clube tinha direitos eternos sobre o jogador – "era como escravidão", lembra Zetti. "Se quisesse, o clube acabava com a carreira do jogador. Podia ficar com ele por dez anos sem dar chance de jogar. Foi, então, que comprei o meu passe."

Dono do passe

O dinheiro veio de um amigo, que passou a ser o novo dono do passe de Zetti. No documento de venda, uma cláusula dizia que, no caso de transferência para o São Paulo, o goleiro teria de pagar uma multa ao Palmeiras. Havia uma desconfiança de que o time do Morumbi estivesse por trás do dinheiro da compra de Zetti. "É lógico que eu queria jogar naquele timaço que tinha Müller e Careca, mas era só isso. Não tinha nada escondido na negociação."

Em vez do Morumbi, Zetti foi para o Servette, da Suíça. Pelo menos, era o que ele pensava. Na verdade, era um período de testes. Teria de mostrar aos dirigentes que era um goleiro de alto nível que merecia ser contratado. E a depressão quase volta.

– Imagina a minha situação. O frio era de 13 graus negativos. Eu ficava só no hotel, sem conhecer ninguém e sem falar a língua. Não tinha fita, dvd, não tinha nada que provasse minha condição técnica. Só uns recortes de jornal. Mostrei para o presidente do clube e ele falou: "se você é tão bom, por que não joga? Sua perna ainda está quebrada"?

Diante de pergunta tão pouco simpática, o jeito foi voltar ao Brasil. Desempregado, negociando com clubes como Ituano e São Bento, do interior paulista, à espera de uma volta por cima. O pai pagava o aluguel da casa. O sogro, a faculdade da mulher. A casa, Zetti mantinha com o restante do dinheiro que tinha guardado. "E a inflação, que era 20% ao mês, comia tudo. Ficava lá pintando, esperando que a vida mudasse. Até que o Valdir de Moraes me ligou."

O ex-goleiro do Palmeiras estava no Paraná Clube, trabalhando com Rubens Minelli. Disse que o havia indicado ao São Paulo. E perguntou como eu estava. "Falei que estava desesperado, louco para jogar. Conhecia muito o Valdir, ele havia sido o meu preparador de goleiros no Palmeiras."

E Zetti ficou esperando por um telefonema que não veio. Ficou dez dias em casa, sem sair, com medo de perder a chamada redentora. Até que, dez dias depois, ouviu alguém bater à porta de casa.

– Eram o presidente Fernando Casal de Rey e Herman Koester, diretor de futebol do São Paulo. Vieram conversar comigo. Disseram que o Rojas [chileno que fingiu ser atingido por um foguete no Maracanã em um jogo pelas Eliminatórias para a Copa de 1990] seria punido pela Fifa, e deixaria o tricolor. O clube estava apenas com o Gilmar Rinaldi e precisavam de um novo goleiro. Perguntaram se eu gostaria de jogar lá. Eu não tinha empresário, não tinha quem me orientasse, cuidava de tudo sozinho e estava parado. Não tinha força para negociar. Mesmo assim, arrisquei e fiz algumas exigências. Queria uma opção escrita de que poderia comprar meu passe no final do ano. O São Paulo aceitou e, como já havia expirado o prazo em que o Palmeiras teria direito a uma multa, fui para lá – lembra.

Tudo foi feito em dez minutos. Zetti assinou contrato de março até dezembro. O salário seria igual por quatro meses. Se ganhasse a posição, teria aumento e receberia luvas. Estava concretizada a sua ida para o São Paulo, uma ideia que sempre agradou a Marco Aurélio Cunha, desde o primeiro convite para tratamento fisioterápico.

– Eu fiz de tudo para ele vir ao São Paulo. Quando fiquei sabendo que estava certo, telefonei para ele e dei a notícia. O Zetti estava muito embaraçado. E explicou que já havia feito exame com outro médico. Foi assim, por ele, de uma maneira tão errada, que eu soube que estava sendo demitido do São Paulo – lembra Marco Aurélio Cunha, que foi afastado do departamento médico do São Paulo em 1990, retornando ao clube apenas em 2002.

Tudo deu certo para Zetti. O técnico era Forlán, mas no início eles quase não conversavam. Zetti passou o tempo todo com Gilberto, preparador de goleiros do São Paulo. "Treinei muito, ele me deixou em forma. Logo virei titular", lembra o goleiro. No final do ano, após o vice-campeonato brasileiro, com o time já dirigido por Telê Santana, o São Paulo comprou novamente o passe de Zetti. E os anos de glória começaram. Campeão Brasileiro em 1991, campeão da Libertadores em 1992 e, finalmente, a seleção. Aos 28 anos, como João Saldanha dissera.

"Realmente, o que sofri me deu um novo status, me deu muita experiência. Estava recuperando tudo o que perdi. Nem pensava no passado, queria chegar ao lugar que eu acreditava que era meu."

Dono do mundo

A chegada de Zetti à seleção foi respaldada por um time de sonhos, aquele São Paulo de 1992-93, que ganhou duas Libertadores e dois Mundiais.

– Era muito bom o time. Não tinha atacante de área, apenas o revezamento do Raí, Müller e Palhinha. O Cafu, com aquele fôlego todo, o Leonardo, a liderança do Pintado, Ronaldo Luís, que se colocava muito bem em campo, salvou alguns gols que pareciam certos e ficou com a fama de anjo da guarda, André Luiz, Ronaldão e outros. Um time que ganhou tudo.

Um time de Telê.

– Ele dizia sempre que a repetição de movimentos levava à perfeição. E a gente treinava com gosto. Não era o melhor taticamente, mas fazia o time render muito. Cheguei a fazer três coletivos em uma semana. Ele era sensacional.

O primeiro Mundial Interclubes foi vencido com um 2 a 1 sobre o Barcelona. Do jogo, a grande lembrança de Zetti recai sobre Toninho Cerezo, o veterano volante que o São Paulo havia repatriado do italiano Sampdoria.

— Antes do jogo, a gente estava tenso, pensando na dureza do adversário e o Cerezo pediu a palavra. Perguntou onde estava o champanhe. Os diretores olharam de um lado para o outro, sem saber o que falar. E ele insistiu: "Nós vamos ganhar o jogo e precisamos de champanhe para comemorar o título". Falou sério e isso deu muita confiança na gente. Soubemos que daria para ganhar. Após a conquista do título, viemos para o vestiário e o champanhe estava lá.

Zetti foi convocado para a Copa América de 1993. Parreira, o treinador, mostrava que a confiança irrestrita em Taffarel estava um pouco abalada e resolveu fazer um revezamento entre os goleiros. Taffarel atuou no primeiro jogo (0 a 0 contra o Peru), deu lugar a Carlos (derrota por 3 a 2 para o Chile) e Zetti teve sua chance contra o Paraguai. O Brasil precisava vencer e fez 3 a 0 em uma partida sem sustos. Zetti jogou bem e foi mantido no quarto jogo, eliminatório, contra a Argentina, dia 27 de junho.

Müller marcou no primeiro tempo, Léo Rodriguez empatou no segundo e, na decisão por penais, a Argentina, futura campeã do torneio, venceu por 6 a 5.

Se o Brasil tivesse vencido, Zetti poderia ter mais chances em sua luta contra Taffarel. Não teve. Em 14 de julho, num amistoso contra o Paraguai, Taffarel voltava a ser o dono da posição.

— Eu estava no meu auge. Era um goleiro agressivo, saía bem do gol, estava em ótima forma. Fiz o que pude para ter a posição de titular, mas me sinto orgulhoso de haver disputado a Copa, mesmo na reserva.

Ainda em 1993, Zetti levou um susto semelhante ao da fratura de 1988.

— O Brasil jogou com a Bolívia, em La Paz, e eu fiquei no banco. E no exame antidoping foram detectados traços de cocaína na minha urina. Não entendi nada, não sabia o que fazer. Conversei com os nossos médicos e descobrimos que havia tomado chá de coca, para relaxar. Aconteceu a mesma coisa com o Rimba, zagueiro da Bolívia. Logo, fomos absolvidos, o que era lógico, ninguém tinha feito nada de errado.

No ano seguinte, Zetti disputou a Copa do Mundo. Taffarel era o titular e jogou todos os minutos de todas as partidas. De volta da Copa, dedicou-se a levar o São Paulo ao terceiro título seguido na Libertadores. Não deu. O sonho acabou na final, em uma disputa de pênaltis, com o Vélez Sarsfield, da Argentina. Palhinha errou a última cobrança.

O clube iniciou uma renovação. Palhinha foi um dos que saíram. Zetti continuou ainda, mas, no final de 1996, dois meses antes de completar 32 anos, foi comunicado que a diretoria havia decidido apostar em Rogério Ceni.

A convite de Marco Aurélio Cunha, Zetti foi parar no Santos, onde o médico trabalhava como dirigente desde 1997.

– Eu dei a ideia e o Luxemburgo, que era o treinador, aceitou na hora. A gente precisava de um goleiro de ótimo nível e experiente. Foi uma alegria muito grande me reencontrar com ele. O que não tinha dado certo no São Paulo, estava se concretizando naquela hora – lembra Marco Aurélio.

Logo na primeira temporada, em 1997, o Santos venceu o Rio-São Paulo. Em 2000, Zetti jogou no Fluminense, sem tanto brilho, e terminou a carreira em 2001, no Sport. Trabalha como treinador e comentarista e dirige um centro de treinamento para goleiros. Quem se matricula, não reclama do professor que tem.

Armelino Donizetti Quagliato (ZETTI)
10/1/1965

TÍTULOS	São Paulo	Campeonato Paulista 1991, 1992
		Campeonato Brasileiro 1991
		Libertadores da América 1992, 1993
		Supercopa da Libertadores 1993
		Recopa Sul-americana 1993, 1994
		Mundial Interclubes 1992
	Santos	Torneio Rio-São Paulo 1997
	Seleção brasileira	Copa Stanley Rous 1995
		Copa do Mundo 1994

ENTREVISTA
VALDIR JOAQUIM DE MORAES

"Zetti poderia ter sido
o titular da Copa de 1994."

Em 1954, a normalidade foi rompida no Rio Grande do Sul. O Renner, de Porto Alegre, venceu o campeonato gaúcho, honra majoritariamente reservada a Internacional ou Grêmio. O último título vencido por outro time que não os dois gigantes, fora o de 1939, que ficou com o Rio-Grandense. Depois, a "zebra" só voltaria em 1988, com o Juventude, de Caxias.

O Renner, que deixou de existir em 1957, tinha sua força baseada no atacante Breno Mello, no meia Ênio Andrade (que, como técnico, venceu o Campeonato Brasileiro em 1979, com o Inter, 1981, com o Grêmio e 1985, com o Coritiba) e no goleiro Valdir.

Baixo para os padrões atuais, Valdir, com seus 1,75m, tinha na colocação e na coragem as suas maiores qualidades. Em 1958, chegou ao Palmeiras, que defendeu por 11 anos e 482 jogos. Foi um dos goleiros mais técnicos da época, destacando-se no time que, de tão bom, era chamado de Academia. Aquela equipe de Djalma Santos, Djalma Dias, Valdemar, Geraldo (Ferrari); Dudu e Ademir. Julinho, Tupãzinho, Servílio e Rinaldo (Ademar Pantera), começava sempre com o pequeno gaúcho que colocou no banco nomes como o lendário arqueiro uruguaio Maidana.

O tempo passou e Valdir de Moraes, virou "seo" Valdir Joaquim de Moraes, preparador físico de goleiros – uma especialização pouco difundida no país. Por suas mãos e ensinamentos passaram Leão, Velloso, Rogério Ceni, Marcos, Sérgio e Zetti. Todos eles grandes goleiros e, excetuando Sérgio, todos com convocações na seleção brasileira.

Um homem calmo, de olhar aguçado e que conhece todos os truques e percalços da posição mais ingrata do futebol, aquela em que os erros ficam gravados na memória da torcida. Valdir guarda enorme carinho de todos os "meninos" com quem trabalhou e tem em Zetti, um "filho especial", pois graças aos seus treinos, fez do arqueiro do Palmeiras – e depois São Paulo – uma muralha quase intransponível e um goleiro bicampeão mundial.

Para o maior preparador de goleiros do país, hoje aposentado, pegar pênaltis, por exemplo, não tem nada de loteria. "É ciência, você precisa saber como atrapalhar o adversário, se posicionar, saber como ele costuma bater." Não é de se admirar que com tanto conhecimento e experiência "seo" Valdir pode ser considerado uma verdadeira "Academia de goleiros". A Academia Valdir Joaquim de Moraes.

Como foi sua relação com o Zetti?
Sempre muito respeitosa. Eu gosto de ensinar e ele gostava de aprender. O Zetti sempre treinou muito, nunca fez corpo mole. É um profissional exemplar.

Quando estava no auge, ele não era um pouco gordo?
De jeito nenhum! Ele tem uma constituição física forte, é diferente do Rogério Ceni, por exemplo. Ele sempre jogou abaixo do peso ideal para a altura e a estrutura óssea dele. Comigo não trabalha goleiro gordo. Jamais.

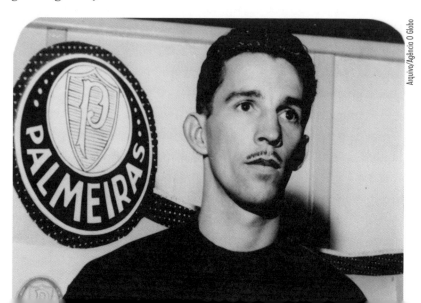

O gaúcho Valdir fechou o gol do Palmeiras por 10 anos e depois de aposentado, começou a trabalhar na preparação de goleiros, tendo Zetti como um dos melhores alunos.

Que tipo de treinamento ele fazia?
Ele precisava aumentar a velocidade e a impulsão. Então, trabalhamos musculação e a extensão dos saltos. Ele fazia tudo o que era pedido. E se cuidava muito. Como disse, um profissional exemplar.

Quais eram as principais qualidades dele?
O Zetti tinha uma colocação muito boa e agilidade para os saltos. Teve um jogo contra o Palmeiras, em 1992, que ele pegou duas cabeçadas do Evair, que era um monstro cabeceando. Em uma delas, ficou quase na horizontal, perto da trave. Foi sensacional.

E a reposição de bola?
Nesse aspecto, ele era fantástico. Eu sempre considerei muito importante o goleiro ter boa reposição de bola, porque quando o goleiro pega uma bola significa que o time adversário tem minoria em seu campo, pois os atacantes estão perto da outra área. Então, com a reposição, você pode pegar a defesa inimiga descoberta. Sabe como eu comecei a estudar isso?

Como?
Em 1949, eu tinha 18 anos e jogava no Renner, lá no Rio Grande do Sul. E nós fomos jogar com o Vasco, que era um timaço, chamado de Expresso da Vitória. O goleiro do Vasco era o Barbosa, que eu tinha como ídolo. Durante o jogo, percebi como a reposição de bola dele era ótima. Fui conversar e ele me ensinou alguma coisa. Quando comecei a treinar goleiros, decidi que todos teriam de treinar reposição. Alguns, como o Rogério Ceni, têm um dom natural, com as mãos ou com os pés. O Zetti, de tanto treinar, chegou em um nível muito bom. Ele soltava muito bem a bola, com a mão e até com o pé. Muitas bolas dele, quando estava no São Paulo, chegavam com açúcar para o Müller, na esquerda.

Mas com os pés, o Zetti não era bom.
Ele sabia o suficiente. Todo goleiro precisa saber fazer alguma coisa com os pés, caso contrário, o time vai se complicar muito.

Nunca levou um frango?
Deixa eu explicar uma coisa. Nós, goleiros, temos ódio dessa palavra. Não aceitamos esse negócio de frango. Quem fala em frango de goleiro, fala com um certo prazer, com a boca cheia, com empáfia. Isso é ruim. Então, para mim não existe frango. Só aceito a palavra falha.

E o Zetti falhou?
Ele falhou uma vez quando estava no Palmeiras e mandou abrir a barreira em uma cobrança do Neto. A opção dele foi muito correta porque os grandes batedores, como o Neto, se baseiam na formação da barreira para cobrar a falta. Quando não tem barreira, eles se perdem um pouco. Foi o que eu fiz uma vez quando jogava no Palmeiras e mandei tirar a barreira em um chute do Jair da Rosa Pinto. Ele tinha pé pequeno, mas um chute muito forte. Sem barreira, perdeu 95% da referência, e eu defendi. O Zetti fez a mesma coisa, eu aplaudi a decisão dele, não teve nada de menosprezo. Só que ele teve uma falha na hora de encaixar a bola. Foi uma das poucas falhas dele.

Quando ele deixou o Palmeiras, o senhor ficou aborrecido?
Não fiquei, essa era uma decisão do clube. O Zetti havia fraturado a perna em um jogo contra o Flamengo. Aí, entrou o Gaúcho, que era atacante, no gol e defendeu dois pênaltis. O Gaúcho sempre treinava no gol e tinha jeito para a coisa. O Zetti estava muito bem, tinha ficado um turno inteiro do Campeonato Paulista sem tomar gols. Mas quando ele fraturou a perna, entrou o Velloso, que também era muito bom e ganhou a posição. O Zetti acabou um tempão sem jogar, pintando para passar o tempo. Triste demais! Eu falei com ele, tentei animar. Quando o Zetti se recuperou, ficou difícil de jogar porque o Velloso estava muito bem. Aí, ele resolveu sair. Foi para a Suíça e voltou. Então, o pessoal do São Paulo me consultou sobre ele. Eu disse para contratar porque ele faria muito sucesso lá. Depois, eu também fui contratado e a gente voltou a trabalhar junto.

Qual foi o grande momento dele?
Ele sempre teve uma carreira muito constante. No Palmeiras, em 1987, foi um sucesso enorme. No São Paulo, teve três anos soberbos, de 1992 a 1994. Lembro de um 0 a 0 com o Palmeiras, pela Libertadores de 1994, em que ele fechou o gol. Acabou com o Palmeiras, defendeu tudo. Foi um jogo inesquecível.

E as Libertadores de 1992 e 1993, quando o São Paulo foi bicampeão?
Em 1992, foi nos pênaltis. Naquele tempo, não tinha internet e não passavam tantos jogos na televisão. Eu via jogos dos futuros adversários do São Paulo e anotava como batiam na bola. Fui ver América de Cali e Newell's Old Boys da Argentina. O jogo foi para a decisão por pênaltis. Foram cobrados 15 pênaltis e ninguém errava. Anotei tudo. No jogo da decisão, ele pegou a bola do Gamboa. Pênalti não é loteria coisa nenhuma. Pegar pênalti é uma ciência. O goleiro tem de saber como atrapalhar a vida do atacante. Tem de se posicionar de um jeito que impeça o melhor chute do cara. É difícil pegar um pênalti, mas quem trabalha tem mais chances. O Zetti estava muito afiado.

Muita gente diz que o Zetti poderia ser titular da Copa de 1994. O senhor concorda?
O Taffarel foi o titular. Ele é um goleiro sensacional, que marcou história. Foi um bom titular, mas se por algum problema ele não pudesse jogar, o Zetti daria conta do recado do mesmo jeito. Tenho certeza de que jogaria no mesmo nível do Taffarel. Por que não? Tinha jogado em clubes grandes como Palmeiras e São Paulo. Tinha ganho duas Libertadores. Tinha experiência, técnica e personalidade. Seria muito difícil dar errado.

CAPÍTULO 6

TAFFAREL

Jogou em grandes clubes no Brasil e na Europa. Mas foram suas atuações na seleção que o tornaram mundialmente conhecido.

Desde o pioneiro Marcos Carneiro de Mendonça – titular no primeiro jogo da seleção (uma derrota, lá em 1914, por 3 a 0 contra a Argentina) –, até o atual dono da camisa 1, o Brasil teve muitos goleiros.

Lendários, como Gilmar dos Santos Neves, o único que ganhou duas Copas como titular, e Barbosa, culpado pela derrota que o país não aceitou. Reconhecidos internacionalmente como Júlio César, líderes como Leão, contestados como Manga e Félix. Mas o nome que se tornou mais representativo, quase um sinônimo da mais dura de todas as posições é o de Cláudio André Mergen Taffarel, gaúcho de Santa Rosa.

Nenhum goleiro brasileiro atuou mais vezes pela seleção principal. Foram 108 jogos. Pela seleção olímpica foram 16 partidas, superado apenas pelas 19 participações de Dida. E os 18 jogos (com 15 gols sofridos) nos quais atuou em Copas do Mundo fazem com que supere Gilmar, que jogou 14 vezes. Apenas o alemão Sepp Maier, titular nas Copas de 1970 a 78, tem marca igual.

Em 70 dos 124 jogos em que defendeu a seleção, Taffarel não foi vazado. Mais da metade das partidas. Ganhou uma Copa América, em 1989. Foi campeão do mundo em 1994, terminando com um jejum de 24 anos. Nas outras Copas, foi derrotado pelo gênio de Maradona em 90 e o de Zidane em 98.

Os números oficiais apontam para alguém incontestável. Mas não foi assim. Taffarel foi muito mais reconhecido e recebeu muito mais confiança dos treinadores que o orientaram, do que de jornalistas que cobriram suas partidas.

Vestibular tranquilo

Muitos goleiros brilham nas categorias de base e sofrem na hora do "vestibular", na dura transição para a seleção principal. Com Taffarel não foi assim. Nem houve transição. Ele estreou pela seleção principal em 7 de julho de 1988, contra a Austrália, pelo Torneio Bicentenário daquele país. Fez quatro jogos, sofreu um gol, fez mais três amistosos (dois gols sofridos) e voltou à seleção olímpica, que já havia defendido por cinco vezes (no Pan-americano de 1987, em Indianápolis), para disputar a Olimpíada de Seul.

Foi aí que Taffarel começou a aparecer para o Brasil. A seleção havia vencido Nigéria (4 a 0), Iugoslávia (2 a 1), Argentina (1 a 0) e chegou à semifinal contra a Alemanha Ocidental. Defendeu um pênalti no tempo normal de jogo, o que garantiu o empate por 1 a 1, e mais dois na decisão por pênaltis. Além disso, viu uma cobrança bater em sua trave.

"Quando o Funkel deu o último passo, sabia que a bola iria para a minha esquerda e pulei para lá", disse, após o jogo. A explicação para as outras defesas foi bem mais simples. "Tive sorte."

Com a constante transferência de jogadores brasileiros para a Europa, a rivalidade entre Rio e São Paulo havia diminuído em relação às décadas anteriores, mas ainda existia. E, mesmo sem jamais haver defendido um clube do eixo mais forte do futebol brasileiro, Taffarel conseguiu ser titular da seleção por dez anos. Foi sempre mais um jogador da CBF do que de clubes. O seu currículo, iniciado com o título de campeão mundial de juniores em 1985 sempre o respaldou junto aos dirigentes e técnicos, independentemente de não ter a seu lado a força política de times cariocas ou paulistas.

Após a derrota brasileira no Mundial de 1986, havia um vácuo no gol. Carlos era considerado um grande goleiro, mas carregava contra si a fama de azarado. Nas quartas de final do Mundial do México, contra a França, na cobrança por pênaltis, a bola cobrada por Bellone bateu na trave, voltou, bateu em suas costas e voltou para o gol. Craques como Sócrates e Zico, que haviam perdido sua segunda Copa, terminaram seu ciclo na seleção. E Carlos, sem culpa alguma, passou a ser contestado.

Mesmo assim, foi titular em 1987. Era ele quem estava no gol na derrota por 4 a 0 para o Chile, na Copa América. Enquanto se perdia tempo discutindo sobre as qualidades técnicas e a falta de azar de Carlos, Taffarel começava a aparecer, mostrando muita sorte.

Zé Carlos, do Flamengo, era o titular da seleção convocada por Carlos Alberto Silva. Régis, do Vasco, o reserva. Taffarel, do Inter, o goleiro mais jovem, convocado para ganhar experiência. Quando Flamengo e Vasco resolveram não ceder seus jogadores para a Copa América, Taffarel assumiu a camisa de titular. E, depois de cinco jogos e apenas três gols sofridos, conseguiu o seu segundo título pela seleção.

Currículo ajuda a decidir.

O histórico começou a pesar. Campeão de juniores, campeão pan-americano e medalha de prata na Olimpíada, com três pênaltis defendidos, não era para qualquer um. Nenhum goleiro de 22 anos poderia citar tantas conquistas. Talvez nem Taffarel pensasse nisso lá em 1982, quando jogava pelo Toda Hora, de Santa Rosa. Não jogava só futebol. Era o atleta da cidade, destacando-se em handebol e principalmente vôlei. Era fã da chamada geração de prata do vôlei, vice-campeã mundial em 1982 e medalha de prata na Olimpíada, dois anos depois.

Em 1984, chegou ao Inter.

– Fui aprovado em um treino de chutes a gol. Defendi quase tudo, mas sem muita técnica. Aí, tive a orientação de Benítez e Schneider, que haviam sido goleiros do Inter, e melhorei muito. Eles me ensinaram exercícios para fortalecer a perna e ganhar impulsão.

Um dia, depois de falhar em uma jogada fácil, ele teve uma atitude inusitada. "Como havia falhado feio, não vou dizer que foi um frango, mas foi uma falha feia, resolvi mudar tudo. Comecei pelo nome. Pedi para ser chamado pelo sobrenome, foi uma maneira de homenagear o meu pai."

Pode ter sido coincidência, mas a vida de Taffarel começou a mudar. Em 1988, foi escolhido para substituir Carlos, que, após aquela derrota por 4 a 0 para o Chile, havia se contundido e, ao ver que sua posição no Corinthians estava ameaçada pelo jovem Ronaldo, transferiu-se para o Malatyaspor da Turquia.

No início de 1989, Sebastião Lazaroni, técnico da seleção, deu chance a Acácio, do Vasco, por seis jogos. Em um deles, no dia 19 de junho, o Brasil foi derrotado pela Dinamarca por 4 a 0. E, dois dias depois, em um amistoso contra a Suíça, Taffarel voltou a ser titular. Foi o último jogo antes da Copa América, que seria disputada no Brasil. E que a seleção brasileira não conquistava desde 1949, quando o goleiro era Barbosa, que sonhava com o sucesso na Copa do Mundo de 1950.

Lazaroni fez o que a grande maioria dos brasileiros considerou uma heresia. Escalou a seleção brasileira com três zagueiros. As críticas eram grandes e ficaram enormes, após os três primeiros jogos. A seleção venceu a Venezuela por 3 a 1 e empatou com Peru e Colômbia, ambos por 0 a 0. Nesse jogo, em Salvador, houve uma grande vaia. Os baianos queriam a escalação do meia Charles, grande destaque do Bahia na conquista do título brasileiro do ano anterior.

Charles não teve chance, as vaias continuaram, mas as incertezas diminuíram. A seleção se aprumou. Venceu o Paraguai (2 a 0), a Argentina, de Maradona (também por 2 a 0), e ficou com o título após vencer novamente o Paraguai (3 a 0) e, na final, o Uruguai (1 a 0).

Taffarel, com apenas um gol sofrido em sete jogos, estava fortalecido. Não havia dúvidas sobre quem seria o titular na Copa de 1990. Lazaroni, o técnico do 3-5-2, e Dunga, o capitão, também estavam fortes.

Até a estreia na Copa, em 10 de junho de 1990, 11 meses após a vitória sobre o Uruguai, a seleção jogou 11 vezes. Ganhou sete, empatou três e perdeu uma única vez. Taffarel sofreu apenas seis gols. Mesmo assim, foi criticado pelo gol de Ivo Basay, do Chile, em jogo pelas Eliminatórias.

Uma crítica sem muita força, que não lhe tirou o status de quase unanimidade que ostentava ao chegar na Itália, para a sua primeira Copa.

Com cautela, mesmo sendo muito elogiado, ele analisou, em entrevistas a jornais da época, o assunto. "Nem concordo com essa coisa de unanimidade. Ter sido convocado e estar como titular não significa que eu seja o melhor, apenas que o Lazaroni acha isso. Mas sou sério, honesto, dedicado e simpático." Afirmou, ainda, que nunca teve um ídolo na posição, que estava preparado para a Copa e o que era preciso para ser um grande goleiro:

– Tem de nascer para o gol, tem de ser meio louco, como eu. A gente não pode falhar. Se brilhar o jogo inteiro e cometer um único erro, isso pode significar a derrota e você vira o vilão. Por isso, o goleiro tem de ser alegre, tranquilo e ter força de vontade.

Era Dunga

O Brasil não fez uma boa Copa. Com três zagueiros e um meio-campo formado por Dunga, Alemão e Valdo, a bola demorava a chegar aos atacantes Müller e Careca. Mesmo assim, venceu a Suécia (2 a 1), Costa Rica (1 a 0) e a Escócia (1 a 0).

Nas quartas de final, o adversário era a Argentina, de Caniggia e, principalmente, Maradona. O jogo foi igual até os 36 minutos do segundo tempo, quando Maradona escapou no meio-campo. Livrou-se de Alemão (seu companheiro do Napoli) e de Dunga (seu adversário de Fiorentina) e tocou para Caniggia, que fez o gol que eliminou o Brasil.

"Quando a bola foi tocada para o Caniggia, saí e fechei o gol, mas ele foi inteligente e me matou com um drible. Não dava para fazer mais nada", declarou Taffarel.

Perder para a Argentina nunca facilitou a vida de técnicos brasileiros. O que dizer, então, de uma eliminação em Copa do Mundo e jogando com um esquema que todos consideravam defensivo? Foi o fim de Lazaroni. E, todos pensavam, da chamada "era Dunga". Todo jogador que participou daquela Copa teria que jogar muito a partir de então para ser perdoado. Inclusive Taffarel, que após a Copa, transferiu-se para o Parma.

Em 1991, a seleção brasileira passou a ser comandada por Paulo Roberto Falcão, símbolo da geração de 1982, que encantou o mundo, mesmo perdendo a Copa. Ele começou uma grande renovação, convocando jogadores como Cafu, Neto, Cuca, Charles e o ponta João Paulo, do Bari. Taffarel estava no grupo. Era o titular, mas já havia quem pedisse a escalação de Sérgio, do Santos, ou Ronaldo, do Corinthians.

As críticas aumentaram durante a Copa América. Na primeira fase, o Brasil venceu a Bolívia e o Equador, empatou com o Uruguai e perdeu para a Colômbia. Classificou-se em segundo lugar para a fase final. Na primeira partida, perdeu para a Argentina por 3 a 2 e houve quem visse três falhas de Taffarel. O Brasil venceu a Colômbia e o Chile e foi vice-campeão. Mas Taffarel já era contestado. E tudo ficaria pior a partir daí.

Zetti estava jogando muito bem no São Paulo. O time de Telê encantava o Brasil, ganhando os Mundiais Interclubes de 1992 e 1993.

Taffarel estava mal no Parma. A imprensa paulista pedia, ou melhor, exigia, uma troca no gol da seleção brasileira. E Taffarel tinha poucos defensores. Para sua sorte, o maior deles era Carlos Alberto Parreira, técnico da seleção (que havia substituído Falcão) e que valorizava mais o currículo do que um período ruim que o goleiro estivesse vivendo.

Parreira seria um aliado fundamental no "inferno astral" vivido por Taffarel em 1993. Ele o escalou como titular na *US Cup* e, mesmo após falhas do goleiro nos empates por 3 a 3 contra a Alemanha e 1 a 1 contra a Inglaterra, relutou em tirá-lo do time que disputou a Copa América no Equador. Em vez de afastar Taffarel, optou por um revezamento: ele foi o titular contra o Peru (0 a 0), o veterano Carlos jogou contra o Chile (derrota por 3 a 2) e Zetti atuou na vitória contra o Paraguai (3 a 0). Zetti foi mantido contra a Argentina (1 a 1, com desclassificação nos pênaltis) e se credenciou como novo titular.

Um mês depois, em julho de 1993, Taffarel disse que estava pronto para voltar ao time. "Aquela fase de horror já passou. Sinto que os reflexos voltaram e estou indo na bola sem pensar. Recuperei a forma", disse. E Parreira voltou a escalá-lo como titular. No amistoso contra o Paraguai e no início das Eliminatórias.

Grande erro na Bolívia

Em 25 de julho, Taffarel cometeu o seu grande erro na seleção. Em La Paz, o Brasil buscava fôlego para segurar o empate contra a Bolívia. Até que, a dois minutos do final do jogo, Etcheverry, *El Diablo*, chutou cruzado, da esquerda. Mal colocado, Taffarel tocou, com o pé, para dentro do gol. Gol contra. E Pena ainda fez o segundo. Pela primeira vez, o Brasil perdia um jogo em Eliminatórias.

Taffarel pagava o preço por não estar jogando em seu clube. Era reserva no Parma e, após a derrota, foi emprestado ao Reggiana. Nada disso influenciou Parreira, que manteve Taffarel como titular. No jogo seguinte, Parreira trouxe Dunga de volta ao time. E a seleção engrenou nas Eliminatórias. Empatou com o Uruguai (1 a 1) em Montevidéu, e Taffarel voltou a fechar o gol. Nas quatro vitórias seguintes, ele não foi vazado. E o Brasil, derrotou Equador (2 a 0), Bolívia (6 a 0) e Venezuela (4 a 0).

Faltava apenas um jogo e era necessário um empate contra o Uruguai, no Maracanã. Para evitar problemas, Parreira convocou Romário, a quem ainda não havia dado chance. A vitória por 2 a 0, com gols de Romário aos 25 e 35 minutos do segundo tempo, em 19 de setembro de 1993, classificou o Brasil para a Copa dos Estados Unidos.

Era a chance da "geração Dunga" voltar a ser respeitada. Taffarel demonstrava muita confiança antes da estreia contra a Rússia. "Eu aprendi muito nesses quatro anos, vivi uma fase ruim em 1993, mas agora sinto que estou no melhor momento da minha carreira", disse aos jornalistas.

Tetracampeão

E a seleção, com o estilo seguro de Parreira, ganhou o quarto título mundial da história. Foi a defesa menos vazada. O time ganhou da Rússia (2 a 0), Camarões (3 a 0), empatou com a Suécia (1 a 1), venceu Estados Unidos (1 a 0), Holanda (3 a 2) e Suécia (1 a 0), antes da final com a Itália.

Para os puristas, um título a ser pouco comemorado. Afinal, ele veio após uma decisão por pênaltis, após 0 a 0 nos 90 minutos de jogo e nos 30 de prorrogação. Taffarel defendeu a cobrança de Massaro, a terceira da Itália. Baresi já havia errado e Baggio erraria em seguida. Brasil campeão do mundo, após 24 anos. E o currículo de Taffarel, campeão mundial de juniores, do Pan-americano e da Copa América, ganhava seu item mais importante.

Taffarel não se aproveitou da conquista para exaltações em proveito próprio. Preferiu falar na importância do grupo e chegou a minimizar a importância de haver defendido a cobrança de Massaro.

– Pênalti é loteria. Ninguém gosta de decidir um campeonato desta maneira. Uma decisão por pênaltis não costuma apontar quem é o melhor, mas esse Mundial era mesmo do Brasil. Fomos a melhor

Baggio, o astro italiano, chutou o pênalti para fora e Taffarel, junto com os companheiros de time, comemorou o título mundial que o Brasil não conquistava há 24 anos.

equipe. Nossas maiores virtudes foram a união, a determinação e o silêncio – disse, mostrando que realmente havia um acordo entre os principais jogadores para que o fracasso de 1990 fosse substituído com uma grande conquista.

– O Taffarel foi um dos heróis daquela Copa. Ele se aproveitou, como outros, da união do grupo. Os jogadores se fecharam, elaboraram um argumento do tipo "nós contra o mundo" e tiveram sucesso. E o Baggio, errando o pênalti, ajudou bastante – analisa Davi Coimbra, jornalista gaúcho que acompanhou de perto a carreira de Taffarel.

– Ele foi um goleiro essencialmente de seleção. Não é um ídolo da torcida colorada, pois não ganhou títulos pelo Inter e não foi bem em jogos contra o Grêmio. Isso, no Rio Grande do Sul, é fundamental. Para os torcedores do Inter, o Manga, que jogou a Copa de 1966 e que brilhou com a camisa de seu time, é muito mais ídolo que o Taffarel – completa.

Após o título, Zagallo ficou com o lugar de Parreira. Voltava a comandar a seleção brasileira, como fizera em 1970 e 1974. E, no ano seguinte, a seleção teve seu primeiro grande teste, com a disputa da

Copa América, no Uruguai. Taffarel, que havia retornado ao Brasil, defendendo o Atlético Mineiro, ficou fora dos dois primeiros jogos. Ele estava cumprindo uma suspensão determinada pela Fifa, que lhe cobrara ainda US$ 10 mil. Em 1994, durante a Copa do Mundo, ele usou uma luva que tinha propaganda em tamanho maior do que o aceito pela Fifa. Em várias fotos, ele aparece com a mão aberta no peito, mostrando o patrocinador superdimensionado. Ao cumprir a suspensão, abriu vaga para Dida, que atuou nos jogos contra Equador (1 a 0) e Peru (2 a 0). Em seguida, uma vitória por 3 a 0 na Colômbia e o jogo da morte contra a Argentina. Após um 2 a 2, o Brasil venceu nos pênaltis, por 4 a 2. Na semifinal, vitória por 1 a 0 sobre os Estados Unidos e a decisão contra o Uruguai.

Ausente da última Copa, os uruguaios fizeram da Copa América um motivo para mostrar ao mundo que ainda merecem ser respeitados como bicampeões mundiais. Chegaram à final após vitórias sobre Venezuela, Paraguai, empate com o México e novas vitórias sobre Bolívia e Colômbia. Os destaques uruguaios eram o meia Francescoli, o atacante Herrera e o meia Bengoechea, que não estava em boa forma. Nos três primeiros jogos, atuou em dois, sendo substituído em ambos. Nos dois jogos seguintes, nem entrou. Na final, jogou no segundo tempo.

O Brasil vencia por 1 a 0, com gol de Túlio. Aos seis minutos do segundo tempo, houve uma falta favorável ao Uruguai, próxima à área. Bengoechea, conhecido como grande cobrador, fez seu trabalho com maestria. Taffarel nem se mexeu e viu a bola em seu ângulo esquerdo. Na cobrança por pênaltis, o Uruguai ficou com o título.

Despedida

Taffarel, aborrecido com a crítica de Ricardo Teixeira, presidente da CBF, que considerou uma falha sua o gol de Bengoechea, decidiu abandonar a seleção. Disse que já havia dado sua colaboração e que iria cuidar da vida.

Manteve a promessa até abril de 1997, quando pediu desculpas a Teixeira e aceitou a convocação. "Saí porque estava recebendo muitas críticas.

Quando percebi que meus sucessores também estavam sendo criticados, me senti fraco, e decidi voltar para mostrar que poderia suportar aquilo."

"Ele mesmo disse que não queria mais jogar na seleção. Mas mudou a maneira de pensar. É experiente e tem um ano para mostrar que tem condições de se firmar na equipe", disse Zagallo na época, deixando claro que Taffarel tinha tudo para ser o titular em 1998. O técnico, que havia convocado em um ano e meio Velloso, Marcos, Zetti, Carlos Germano, Rogério Ceni, Gilmar Rinaldi, Dida, Danrlei, Clemer e Zé Carlos, apostava na experiência, na capacidade e no currículo de Taffarel.

Se a Copa América era uma espécie de vestibular para a Copa do Mundo, Taffarel passou com louvor. A CBF fez um acordo com a federação boliviana: convocaria os jogadores mais importantes do país, desde que pudesse mandar todos os seus jogos, exceto a final, em Santa Cruz de la Sierra. Longe dos problemas da altitude, o time venceu com facilidade os adversários, exceção ao México, vencido por apertados 3 a 2. Os outros jogos foram contra Costa Rica (5 a 0), Colômbia (2 a 0), Paraguai (2 a 0) e Peru (7 a 0). Na final, em La Paz, vitória por 3 a 1 contra a Bolívia, de Etcheverry, que transformara a vida de Taffarel em um inferno quatro anos antes.

Pênaltis contra a Holanda

O Mundial de 1998 foi aquele em que Taffarel sofreu mais gols. E defendeu mais pênaltis. O time brasileiro tinha problemas e não empolgava. Após estrear com vitória por 2 a 1 sobre a Escócia, derrotou Marrocos por 3 a 0 e perdeu para a Noruega por 2 a 1. Na fase eliminatória, venceu o Chile, da dupla Salas e Zamorano, por 4 a 1, passou pela Dinamarca por 3 a 2 e foi decidir uma vaga para a final com a Holanda.

Foi um jogo muito duro, sem que nenhum time conseguisse levar vantagem. O Brasil marcou com Ronaldo e manteve a vantagem até os 42 minutos do segundo tempo, quando Kluivert empatou, de cabeça. Nada de gols na prorrogação, e a disputa foi para os pênaltis.

O Brasil havia treinado bastante para esse tipo de emergência. E só havia uma certeza entre todos os que acompanhavam a seleção: Taffarel, nos treinos para cobrança de penais, estava pior do que Dida e Carlos Germano, seus reservas. Uma preocupação que diminuía quando se lembrava do passado de Taffarel e também de sua atuação no jogo. Havia feito uma defesa sensacional, aos sete minutos do segundo tempo, em chute de Bergkamp.

Ronaldo foi o primeiro a cobrar. Marcou. Frank de Boer empatou. Rivaldo, Bergkamp e Émerson marcaram. Taffarel havia acertado o lado em todas as cobranças, o que talvez tenha assustado Cocu. Ele bateu no canto esquerdo de Taffarel, que espalmou. Dunga converteu.

E as câmeras de televisão mostraram a cara assustada de Ronald de Boer, que se dirigia para a marca do pênalti. Escolheu o canto direito. Taffarel acertou e defendeu de novo. E, mais uma vez, como sempre, comemorou ajoelhado, com as mãos para o céu.

"Eu fui o pior nos treinos, mas Deus me ajudou. A Copa podia terminar agora, mas ainda tem uma final e o que fiz hoje não vai valer nada se não formos campeões", afirmou na França.

Ele estava certo. Abalada com uma convulsão de Ronaldo no dia do jogo, a seleção foi presa fácil para os donos da casa. Zinedine Zidane, que nunca havia feito um gol de cabeça, marcou dois no primeiro tempo, em cobranças de escanteio. Nos acréscimos, Petit fez o último. E Taffarel fez o seu derradeiro jogo pela seleção.

Convite recusado

Em 1999, foi convidado a voltar. O técnico era Wanderley Luxemburgo, que enfrentava dificuldades para formar o time que faria dois amistosos contra a Holanda, em junho daquele ano. Os times nacionais, que disputavam a Copa do Brasil e a Libertadores, não cederam seus jogadores. E Luxemburgo recorreu a Taffarel. O goleiro aceitou, com entusiasmo. Logo depois, soube que Luxemburgo havia sido claro: aquela era uma convocação de emergência e tanto

Taffarel como Leonardo e Aldair, outros veteranos chamados, teriam que mostrar seu valor para continuar. Não era algo a longo prazo. O currículo, eterna arma de Taffarel, não faria diferença.

"Ele deixou bem claro que não conta comigo para o futuro. Assim, foi melhor não participar mais e guardar as boas lembranças e a imagem que firmei na seleção até 1998", disse à época, ao pedir dispensa da seleção.

Após a despedida, a carreira de Taffarel sofreu uma inversão. Ele, que sempre foi muito mais goleiro de seleção do que de clube, brilhou no Galatasaray, onde ganhou o Campeonato Turco, a Copa da Turquia e a Copa da Uefa, contra o Arsenal, em 2000. A maior conquista da história do clube turco.

Voltou ao Parma e foi campeão da Copa da Itália. Em 2003, foi até Empoli assinar contrato com o clube da cidade. O seu BMW teve um problema mecânico. Taffarel desceu do carro e, na estrada, interpretou aquela falha como um aviso divino. Religioso, acreditou que o mesmo Deus que o havia ajudado a defender pênaltis e a ser campeão, estava dizendo que era hora de abandonar a carreira.

Aos 37 anos, ele obedeceu. E nunca mais jogou futebol.

Cláudio André Mergen TAFFAREL
8/5/1966

TÍTULOS	Parma	Copa da Itália, 1992, 2000
		Copa da UEFA 2000
	Atlético-MG	Campeonato Mineiro 1995
		Copa Conmebol 1997
	Galatasaray	Campeonato Turco 1999
		Copa da Turquia 1999
	Seleção brasileira	Campeonato Mundial de Juniores 1985
		Torneio Bicentenário da Independência da Austrália 1988
		Copa América 1989, 1997
		Copa do Mundo 1994

ENTREVISTA
JORGINHO

"Taffarel, para mim,
foi incomparável, melhor
do que Kahn e Fillol."

Jorge de Amorim Campos, lateral habilidoso, com 67 jogos e quatro gols marcados pela seleção brasileira, na qual é auxiliar de Dunga na seleção brasileira desde 2006. Conviveu com Taffarel e não demonstra nenhuma hesitação ao definir o goleiro tetracampeão: "O maior goleiro que eu vi jogar".

Integrante da seleção brasileira de 1983 até 1994, o ex-lateral de Flamengo, Bayer Leverkusen, Bayern de Munique e São Paulo, Jorginho conquistou vários títulos com a número 2 da seleção, sendo o principal a Copa de 1994.

Jorginho e Taffarel carregam algumas semelhanças: ambos são evangélicos, perfeccionistas, craques de grande respeito na Europa e passaram pelas terríveis críticas ao grupo que caiu para a Argentina, na Copa da Itália, em 1990, quando ficaram estigmatizados como o time da "era Dunga". Isso deu muita força para que tudo fosse mudado na Copa seguinte, nos Estados Unidos.

O fato de haver jogado grande parte da carreira ao lado de Taffarel, deixa Jorginho bem confortável ao analisar outros três craques com quem atuou: o argentino Ubaldo Fillol, no Flamengo; o alemão Oliver Kahn, no Bayern de Munique e Rogério Ceni, no São Paulo, quando Jorginho já estava em final de carreira. E garante: Taffarel foi melhor do que os três e mais habilidoso que Ceni com os pés, embora não batesse faltas.

O Taffarel que aparece na análise de Jorginho é um homem discreto, que fazia defesas simples, orientava o time em campo e era garantia em decisões por pênaltis. Mas Taffarel era um líder ao seu modo e sempre pedia a palavra nas preleções para passar vários detalhes técnicos dos rivais.

Como você define o Taffarel?
É o melhor goleiro com quem joguei. Mais ainda: é o melhor goleiro que eu vi jogar. E olha que joguei com gente boa, muito boa.

Pode dar um exemplo?
Cito dois: o Oliver Kahn, que foi meu companheiro no Bayern, e o Fillol, que jogou comigo no Flamengo. O Taffarel foi superior aos dois. E foi melhor que o Rogério Ceni, com quem joguei no São Paulo.

Pode comparar mais detalhadamente?
O Kahn [titular por vários anos da seleção da Alemanha e do Bayern de Munique] era muito bom por baixo, mas, como a maioria dos goleiros alemães, era fraco nas bolas paradas, como cobrança de faltas e na saída de gol na hora do escanteio. Basta ver como ele falhou na Copa de 2002. Quanto ao Fillol [campeão do mundo pela Argentina em 1978 e titular também em 1982, ex-goleiro de River Plate e Flamengo, e colega de Jorginho no time do Rio], era um goleiraço, bom em todos os fundamentos. Mas, no conjunto todo, o Taffarel era ainda melhor do que ele.

Você tinha muita confiança nele?
Confiança total. É muito importante para um jogador de defesa olhar para trás e ver um goleiro em quem se pode confiar. Taffarel sempre teve ótima postura. Você pode recuar uma bola no sufoco que ele vai saber o que fazer, inclusive saía muito bem com os pés.

Ele era bom com os pés, apesar de não ter a habilidade de um Rogério Ceni, certo?
Olha, eu vou surpreender, mas acho que o Taffarel tinha mais habilidade que o Rogério, sabia? Cansei de vê-lo treinar no ataque e mostrar bom rendimento. Tocava a bola bem, lançava e chutava.

Para Jorginho, seu companheiro em duas Copas, nunca houve um goleiro como Taffarel, que considera bom com as mãos e também com os pés.

Não fazia feio nos rachões da seleção. E lá dentro só tinha fera. A diferença é que o Rogério Ceni se dedicou às cobranças de falta e conseguiu um patamar impressionante nesse sentido. Nenhum goleiro é igual a ele nas bolas paradas, mas o Taffarel tinha mais habilidade.

Em 1993, o Taffarel teve algumas falhas e ficou ameaçado como titular da seleção...
Não concordo. Foi um erro só, no jogo contra a Bolívia. Ele se adiantou um pouco e a bola do Etcheverry entrou. Ali, tem a altitude que influencia na velocidade da bola, o ar rarefeito... O Brasil nunca havia perdido para os bolivianos, então, repercutiu muito. Mas ele nunca teve seu posto ameaçado, todos confiavam muito nele.

Mas na Copa América do Equador, em 1993, o Parreira fez um revezamento no gol. Colocou o Taffarel no primeiro jogo, o Carlos no segundo e o Zetti no terceiro. Aí, no quarto jogo, contra a Argentina, o Zetti foi mantido. O Brasil foi eliminado. Nesse momento, o Taffarel correu risco?
Eu não estava lá, mas acho que, por pior que fosse, o Taffarel seria convocado para a Copa. E lá, ele ganharia a posição. Olha, eu considero o Zetti e o Gilmar, que foram ao Mundial de 1994, muito bons. Eles ajudaram muito o time e, se fosse preciso, entrariam e jogariam bem. Enfim, excelentes goleiros. Mas o Taffarel estava um degrau à frente. O currículo dele conta muito.

Como assim?
O Taffarel e o Zetti são goleiros da mesma idade, da mesma geração. Então, quando chegamos aos Estados Unidos, os dois estavam em forma. Na hora de escolher um deles, todo mundo preferiria o Taffarel porque ele já tinha jogado – e bem – a Copa de 1990, na Itália. E tinha sido medalha de prata na Olimpíada de 1988 [Seul], além de ter sido campeão mundial júnior em 1985. Isso conta muito. Ele tem um currículo impressionante com a camisa da seleção brasileira.

Tecnicamente, como você o analisaria?
Você sabia que o Taffarel jogou vôlei? Isso é uma vantagem muito grande em relação aos competidores. O pessoal do vôlei tem aquele reflexo todo para pegar a bola que vem rápida em sua direção. Esse era um diferencial do Taffarel. Tinha muita colocação e agilidade. Reflexos apurados e muita coragem para cair. Era perfeito. Ele era constante, sempre deixava o time com tranquilidade para jogar, garantia muito lá atrás.

Era um goleiro discreto ou espalhafatoso?
Discreto. Com ele, não tinha pontes, não. Era de poucas defesas espalhafatosas, apesar de ter muita velocidade. Só que a colocação dele era tão boa que dispensava esses pulos enormes de outros goleiros. Ele dava um passo para o lado e mandava para escanteio. Facilitava o jogo. Essa é uma qualidade dos grandes goleiros. E passava muita confiança a todos.

Como ele era nas disputas de pênaltis?
A gente sempre tinha certeza de que algum pênalti ele pegaria. Foi assim na final de 1994, contra a Itália, foi assim na semifinal, com a Holanda, em 1998, quando eu não estava mais com ele na seleção. Mesmo na torcida, a gente ficava gritando que um pênalti ele pegaria. A agilidade era muito grande e a frieza também. Se acertasse um canto, tinha muita chance de defender.

Como era o relacionamento dele com os outros jogadores?
Era um tremendo gozador. Uma figuraça, um dos caras mais engraçados que eu conheci. Uma vez, apareceu na televisão imitando o Elvis Presley. Tinha um jeito meio doidão, mas era muito consciente. Vivia sorrindo.

Falava muito em preleção?
Falava, mas apenas coisas técnicas. Nada de motivação, de vamos lá etc e tal. Todo mundo que queria falar, falava. Aí, ele pedia a palavra e explicava o posicionamento nas bolas paradas. Falava tudo direitinho e explicadinho. Se o escanteio vinha da direita, dizia quem deveria estar no primeiro pau e no segundo pau. Se fosse da esquerda, a mesma coisa. Nas cobranças de falta, também. Quem ficava na barreira, quem marcava o cara que fica do lado do batedor esperando um passe. Era muito metódico.

Gritava muito em campo?
Gritava bastante, na hora de orientar a gente: "Jorginho fecha aqui; fulano sai ali; a bola é minha". Era muito corajoso na saída de bola. Gritava que era dele, assumia a responsabilidade toda.

E a questão religiosa?
Nós éramos Atletas de Cristo. Evangélicos. A fé é importante. Dava muita tranquilidade para ele. Dava para mim também. Tem gente que pensa que Atleta de Cristo é diferente dos outros, que não gosta de dividir para não machucar um irmão, mas não tem nada disso. Somos jogadores de futebol com muita fé. Só isso. Só isso, não, porque eu acho que faz diferença estar tranquilo em campo.

O Taffarel foi titular em três Copas. Poderia ter jogado outras?
Apesar de toda a admiração que tenho por ele, acho que não. Em 1986, ainda era muito novo. E em 2002, já estava parando. Eram tempos de outros goleiros. Todos muito bons, mas para mim o Taffarel ainda é o melhor de todos. Mantenho minha opinião.

CAPÍTULO 8

ROGÉRIO CENI

Obsessivo, dedicado
e talentoso. Além de defender
sua meta, faz muitos gols
e já atingiu o status de mito
na história do São Paulo.

A entrevista coletiva caminhava para o final. Estavam nela o presidente Marcelo Portugal Gouvêa, o técnico Paulo Autuori e o goleiro Rogério Ceni. Era dezembro de 2005 e o São Paulo se despedia da imprensa brasileira antes da viagem para Tóquio, onde participaria do Mundial Interclubes, contra o Liverpool.

"É preciso deixar bem claro que, para ganhar o mundo é preciso atravessá-lo", disse Rogério Ceni, quase no final da entrevista. Era um recado claro ao Corinthians, campeão mundial em 2000, sem haver vencido a Libertadores, e com jogos realizados apenas no Rio e em São Paulo. A entrevista terminou em seguida, entre risos e aplausos e gritos de "Ro-gé-rio, Ro-gé-rio" de torcedores e dirigentes do clube, presentes no Morumbi.

O ato de inflar o ego do torcedor, provocando aquele que é considerado o grande rival, não foi obra do acaso. Não foi uma frase solta no ar. Foi preparada antes, inclusive com a preocupação do pronome bem colocado, algo diferenciado, como o são-paulino gosta de ser reconhecido.

Para os torcedores de outros times, apenas um golpe de marketing. Para quem torce pelo São Paulo, não. O capitão Rogério Ceni estava defendendo o clube, a camisa que veste. E, é lógico, dando uma contribuição a mais à construção de sua imagem e biografia como o mais importante jogador da história do time, que teve craques como Leônidas, Roberto Dias, Pedro Rocha, Careca e Raí. Ao contrário deles, Rogério não atua apenas dentro do campo, durante 90 minutos.

Há mais gente a considerar Rogério como o maior jogador da história do clube do que os que o enxergam "apenas" como o maior goleiro que já vestiu a camisa tricolor. Não há contradição, pois a figura de Rogério Ceni transpõe o campo. Não é mais um jogador. É um mito.

Mito

O mito "Rogério Ceni" foi construído em cima de algumas características peculiares:

1) Espelho do são-paulino. Rogério representa o modo como o são-paulino, mesmo o mais humilde, gosta de se ver no espelho. Ao contrário do corintiano, que canta e grita as delícias de ser "maloqueiro e sofredor, graças a Deus", o são-paulino cultiva certo prazer em ser identificado com a elite. Mesmo que viva em um bairro pobre e longínquo e tenha dificuldades financeiras, ele adora ver o seu capitão sempre elegante (muitas vezes vai aos programas de televisão vestindo ternos impecáveis) e bem articulado.

2) Anticorintianismo. A atual torcida do São Paulo, diferente da dos anos 1970, não se importa mais com o Palmeiras. O rival (ou inimigo) da vez é o Corinthians. Em todos os clássicos, relembra, com cânticos, a falta de estádio do time alvinegro. Rogério já tocou no assunto e, com suas estocadas, ganha pontos junto ao torcedor. E o importante é que, ao falar, demonstra sinceridade e passa a certeza ao torcedor são-paulino de que realmente acredita no que está expressando.

3) Técnica. Rogério é um grande goleiro. Na história do clube há rivais como Zetti, Waldir Perez, José Poy e outros. Não fica atrás deles.

4) Artilheiro. Quando torcedores discutem quem é o melhor goleiro, a quase centena de gols marcados serve como um argumento a mais para os são-paulinos. Esse lado espetacular é um dos motivos principais para bandeiras que dizem: "os outros têm goleiros, só nós temos Rogério Ceni".

5) Trabalho duro. Seus gols de falta não são fruto de uma vontade divina, como Marcelinho Carioca sempre tentou provar. No caso de Rogério, não. Ele treina muito para isso. Como treina para defender. Treino é com ele. Trabalha mais do que os companheiros e, mesmo quando está suspenso, comparece ao estádio e participa da oração e da última conversa que os jogadores têm, antes de entrar em campo.

6) Títulos. Há muito tempo Rogério já tinha essas características anteriores e por isso era amado pela torcida. Mas faltava algo importante: títulos significativos. Eles começaram a chegar a partir de 2005, quando

se tornou um dos jogadores mais vitoriosos com a camisa do São Paulo, ganhando uma Libertadores, um Mundial e três Brasileiros.

Então, como resistir a alguém talentoso, trabalhador, espetacular (como homem espetáculo), artilheiro, que não gosta do Corinthians, capitão, vencedor e que, além de falar muito bem, sabe se vestir e se comportar em público? Não há como resistir, podem dizer os são-paulinos. Eles nem querem resistir e assumem Rogério como seu grande ídolo. Não se incomodam com o fato de a carreira do goleiro na seleção não ter sido grande, nem discutem o assunto. Querem Rogério apenas para eles, como símbolo maior do clube.

Mais do que um goleiro. Mais do que um ídolo. Poucos poderiam pensar nisso quando Ceni, que era apenas Rogério, fez sua primeira partida como titular, em 1993. Zetti, o dono da camisa 1 estava com a seleção brasileira em Cuenca, no Equador, disputando a Copa América. Destaque na conquista do Mundial Interclubes pelo São Paulo, vivia o seu grande momento. Lutava com Taffarel pelo posto de titular da seleção.

Estreia na Espanha

Rogério, campeão da Copa São Paulo naquele ano, foi escalado para enfrentar o Tenerife, pelo torneio Santiago de Compostela, na Espanha. Foi a estreia. Defendeu um pênalti, o time ganhou por 4 a 1 e o nome de um estreante começou a ser bastante falado no Morumbi. Mas não o nome de Rogério. O destaque foi outro estreante, o atacante Guilherme, emprestado pelo Marília e que fez os quatro gols.

Nem era para Rogério estar ali. Não por Gilberto, goleiro pernambucano que passou pelo clube sem destaque e que viajou como titular. Mas por Alexandre, que era a grande aposta do São Paulo para o lugar de Zetti, e que havia morrido em julho de 1992, com 20 anos, em um acidente automobilístico.

– Ele era um grande goleiro e não haveria lugar para nós dois no São Paulo. Como era mais velho e melhor do que eu, é bem provável que eu tivesse de sair do time para que minha carreira deslanchasse – diz Rogério.

Talvez ele tenha pensado em Alexandre, de quem era grande amigo, no jogo seguinte. A final do torneio foi contra o River Plate, que terminou o primeiro tempo vencendo por 2 a 0. No segundo, Guilherme e Cate empataram. Nos pênaltis, deu São Paulo, por 4 a 3, com uma defesa de Rogério Ceni.

Dois pênaltis em dois jogos e o primeiro título conquistado. Um início de carreira promissor. E um enorme baque em agosto, dois meses depois. Dona Hertha, mãe de Rogério, morreu de câncer, em Chopinzinho, no Paraná. O goleiro voou ao Brasil e Gilberto foi escalado para enfrentar o Albacete em um amistoso. Em seguida, saiu para comemorar (não se sabe o quê, pois o time havia sido derrotado por 3 a 1) juntamente com o lateral-esquerdo Marcos Adriano e o zagueiro Lula. Retornaram de madrugada ao hotel e Telê exigiu que fossem mandados de volta ao Brasil. Nunca mais jogaram pelo São Paulo.

Não havia outro goleiro. E Ceni aceitou o pedido da diretoria para voltar à Espanha. Em 21 de agosto, quatro dias após o enterro da mãe, defendeu o São Paulo no 1 a 1 contra a Sampdoria, pelo troféu Colombino, em Huelva, na Espanha. Sua atitude fez com que ganhasse pontos junto à diretoria. Passaram a ver nele alguém diferenciado, que levava a carreira a sério. E Rogério passou a ser o primeiro reserva de Zetti, que voltaria tetracampeão da Copa de 1994, mas sem conseguir tirar Taffarel do time.

A carreira deslanchava. Estava apenas há três anos no clube, vindo do Sinop de Mato Grosso do Sul, onde havia sido campeão em 1990, com 17 anos. Com Rogério, deslanchava também uma geração de novos jogadores, vindos da categoria de base: Pavão, André Luiz, Mona, Pereira, Cate, Caio, Jamelli, Sidnei. Campeões da Copa São Paulo em 1993 e vices em 1994. A eles, se juntaram Fabiano e Denílson, mais novos, e Juninho, contratado do Ituano.

Expressinho bom de bola

O clube apostou neles e os inscreveu para a disputa da Copa Conmebol. E foram os garotos, no ano em que o São Paulo perdeu o tri da Libertadores, que trouxeram alguma alegria à torcida. Eliminaram Grêmio, Sporting Cristal, Corinthians e chegaram à final, contra o Peñarol, campeão uruguaio. No primeiro jogo, 6 a 1, com três gols de Catê, dois de Caio e um de Toninho. No segundo, em Montevidéu, derrota por 3 a 0. E, no saldo de gols, o São Paulo conquistou mais um título. E já havia quem falasse que Ceni poderia ficar com o lugar de Zetti. Demorou ainda. Nos anos seguintes, atuou cada vez mais, mas a transição somente se completou em 3 de dezembro de 1996. Ao definir com a diretoria que seu contrato não seria renovado, Zetti pediu para não viajar a Santiago, no Chile, onde o São Paulo faria um amistoso com o Colo Colo. A vitória por 4 a 2 iniciava um novo capítulo na saga de Rogério no São Paulo. Uma história que já tinha um esboço, feito de títulos menores, pênaltis defendidos e muita responsabilidade, demonstrada quando escolheu voltar à Espanha, para tentar afastar, trabalhando, a dor pela morte da mãe.

Adinan, o primeiro

O goleiro Adinan, do União São João, estranhou muito quando viu o número 1 do outro time se encaminhar para o seu gol. Era Rogério, naquele 15 de fevereiro de 1997, pronto a entrar para a história. O chute foi bem colocado e a bola entrou, à meia altura, no canto esquerdo de Adinan, após passar pelo lado direito da barreira. Foi aos 48 minutos do primeiro tempo, abrindo caminho para a vitória por 2 a 0, no Campeonato Paulista.

A comemoração foi feita com pulos descoordenados. Rogério não havia preparado nada de especial, caso a bola entrasse. Foi natural. Ao contrário da cobrança. Rogério treinou muito – e ainda treina – em busca de precisão. Não foi um gol por acaso. Não nasceu com o dom da batida, como Zico. Foi algo que ganhou com muito suor.

O goleiro que ali havia chegado, sem fama, que sofreu com o amigo morto, que trocou a dor pela responsabilidade; o obsessivo que treinava mais do que os outros, agora tinha algo de espetacular a mostrar. Não sabia apenas defender. Sabia fazer gols. Como poucos.

Em 1997, ele fez mais dois gols. E, no final do ano, foi convocado por Zagallo para disputar a Copa das Confederações em Riad, na Arábia Saudita. Foi sua primeira chance. E o primeiro problema. Alguns jogadores decidiram que todos deveriam raspar a cabeça. Rogério não aceitou. Mesmo assim, dominado por Flávio Conceição e Júnior Baiano, viu uma enorme falha – feita com máquina – instalar-se em sua cabeça. Passou o resto da competição de cara amarrada, com pouca conversa. Zagallo, o treinador, considerou a atitude de Rogério como a de alguém prepotente, com pouco espírito de grupo.

A segunda passagem de Rogério pela seleção também foi polêmica. Em 26 de abril de 1999, convocado por Luxemburgo, foi o titular contra o Barcelona, em um amistoso no Camp Nou. O Brasil esteve duas vezes na frente, mas o jogo terminou em 2 a 2. Duas falhas de Rogério. Na entrevista coletiva, ele não foi nada humilde. "Se não fossem os dois gols que sofri, esta teria sido uma das maiores atuações de um goleiro com a camisa da seleção brasileira", disse, aumentando a fama de jogador prepotente.

Talvez Luiz Felipe Scolari pensasse o mesmo. O técnico substituiu Leão – que tinha em Rogério o seu titular – e poucas chances deu ao goleiro no período que antecedia a Copa do Mundo. Havia se decidido por Marcos e Dida, e tinha medo que um goleiro famoso e de personalidade não aceitasse ser o terceiro goleiro.

Felipão se rende

Tudo começou a mudar em 3 de março de 2002. Após o jogo contra o América, pelo Rio-São Paulo, ele embarcaria para Cuiabá, onde no dia 6, o Brasil enfrentaria a Islândia. Rogério torceu o tornozelo durante o jogo do São Paulo e foi substituído por Roger. Não poderia jogar o amistoso da seleção. Bastaria um telefonema dos médicos do tricolor para que ele fosse cortado. Não aceitou. Viajou, com o tornozelo inchado, fazendo aplicação de gelo durante o trajeto. Foi examinado pelos médicos da seleção e cortado. Voltou a São Paulo e no dia 10 de março, já recuperado, enfrentou a Portuguesa pelo Rio-São Paulo. A demonstração de profissionalismo impressionou Scolari, que o levou à Copa.

– Mesmo sem atuar, o Rogério foi importante na conquista do título mundial. Ele trabalhou muito com o Marcos e o Dida e mostrou comprometimento com a seleção. Sempre incentivou os companheiros – disse o treinador.

Em 2006, o profissionalismo de Ceni lhe abriria portas junto à seleção uma vez mais. O técnico era Parreira e havia um amistoso em Moscou, contra a Rússia. Ele ligou para Ceni, disse que havia se decidido por Dida e Júlio César, mas que precisava dele para o amistoso. Rogério aceitou ser convocado. E, quase congelando, fez uma grande partida. Foi convocado para o Mundial na Alemanha e participou de parte do jogo contra o Japão. Uma homenagem de Parreira. O fecho de uma história com a seleção, bem menos gloriosa do que com o clube.

No São Paulo, em 1998, fez seu primeiro gol em clássicos. A vítima foi Zetti. Mesmo assim, longe do São Paulo, Zetti passou a projetar sua sombra sobre Rogério. Mais do que quando estavam juntos. O motivo era simples: falta de títulos. Zetti havia vencido duas Libertadores e dois Mundiais e Rogério não conseguia grandes feitos. Não era uma comparação individual, mas a verdade é que aquele São Paulo não era nem sombra do time de Telê, que encantou o mundo em 1992 e 1993.

Rogério se irritava com esse tipo de comparação. Dizia que havia sido campeão da Libertadores e do Mundial de 1993, na reserva de Zetti. Nada convencia a torcida. Nem o título paulista de 1998, quando os méritos foram muito mais para Raí, que veio para o último jogo, para o artilheiro França e para o driblador Denílson. Na ocasião, Rogério ganhou pontos por uma atitude fora de campo. O jogo era a decisão contra o Corinthians, que venceu o primeiro confronto por 2 a

1, debaixo de chuva. O goleiro disse então que "nem todo dia chove" e que no domingo seguinte, o São Paulo seria campeão. Luxemburgo, técnico do Corinthians, irritou-se com a declaração de Ceni, dizendo que ela era desrespeitosa com o time do Corinthians.

Na final, vitória por 3 a 1. A frase de Rogério foi repetida incessantemente pela torcida do São Paulo, que passava a ver nele mais do que um jogador, era um representante. Mas faltava um título importante. Não foi o Paulista de 2000, ganho sobre o Santos, com vitória por 1 a 0 no primeiro jogo e empate por 2 a 2 no segundo, com gol de Rogério cobrando falta sem chance para Carlos Germano. Poderia ter sido o título da Copa do Brasil, mas ele não veio. Em 5 de julho, na primeira partida da final, São Paulo e Cruzeiro empataram no Morumbi. Em 9 de julho, o São Paulo fez 1 a 0 aos 20 minutos do segundo tempo, com Marcelinho Paraíba. Só perderia o título com uma virada. E ela viria, com gols de Fábio Júnior aos 34 e Geovanni, cobrando falta, aos 44 do segundo tempo.

O título levaria o São Paulo novamente à Libertadores. E Rogério poderia lutar contra Zetti pelo posto de maior goleiro da história tricolor. Mas a oportunidade só viria quatro anos depois. Com o terceiro lugar conquistado no Brasileiro de 2003, o São Paulo voltaria a disputar, no ano seguinte, o campeonato preferido pela sua torcida, após dez anos de ausência.

Arsenal

Mas antes disso, sua carreira no clube esteve por um fio. Em julho de 2001, Rogério disse aos diretores do São Paulo que tinha uma proposta do Arsenal. Em matéria no *Jornal da Tarde*, revelei que a oferta havia sido feita por Álvaro Cerdeira, empresário de jogadores, em papel timbrado de uma loja de instrumentos musicais em Pinheiros.

Paulo Amaral, presidente do São Paulo, apresentou um fax do Arsenal em que o clube inglês dizia que não tinha interesse nenhum em

Rogério. A questão entre o presidente e o goleiro ficou mais tensa. Os dois continuaram irredutíveis e Rogério Ceni foi punido com 28 dias de afastamento.

Seu grande apoio foi o técnico Nelsinho Batista. Ele visitou Rogério, disse para ele continuar treinando firme porque voltaria a ser titular e capitão do time. Mesmo assim, a saída do goleiro era iminente. Estava tudo acertado com o Cruzeiro. Um dia antes do anúncio da saída, a advogada Gislaine Nunes, que assessorava Rogério, disse que o time mineiro, em nome das boas relações com o São Paulo, havia desistido da contratação.

Em abril de 2002, a oposição venceu as eleições. Marcelo Portugal Gouvêa procurou Rogério Ceni e lhe deu todo o apoio. A partir daí, o nome do goleiro começou a ficar cada vez mais parecido com um sinônimo do clube.

Em 2004, Rogério viveu momentos de glória. O maior deles em 12 de maio, quando o São Paulo, após uma primeira fase contra Alianza Lima (Peru), LDU (Equador) e Cobreloa (Chile) chegou à fase eliminatória da Libertadores. O rival seria o Rosario Central, da Argentina. No primeiro jogo, em Rosário, derrota do São Paulo por 1 a 0. No segundo, vitória por virada, de 2 a 1, e decisão por pênaltis.

O São Paulo cobrou primeiro. Cicinho errou. O Rosário marcou e passou a ter a vantagem. Estava 4 a 3 nos pênaltis, quando Rogério foi bater. A situação era dramática. Ele precisava fazer e ainda defender a última cobrança. Chutou forte no ângulo e empatou a série. O goleiro Gaona quis dar uma de Rogério Ceni. Foi para a cobrança. Bateu fraco e facilitou a defesa. Começou então a série de cobranças alternadas. Gabriel marcou. E Ceni pegou o chute de Irace, classificando o São Paulo.

A glória estava a caminho, mas dependia da eliminação do Deportivo Táchira (Venezuela). A torcida não disfarçava a ansiedade. A diretoria também não. Na semifinal, contra o Once Caldas (Colômbia), no Morumbi, uma enorme bandeira do Japão cobria todo o círculo central do gramado. Um recado dizendo que o time estava pronto para ser tricampeão mundial. Antes do jogo, no vestiário, os jogadores receberam a visita de Cafu, herói das conquistas de 1992 e 1993. Um telão mostrava para os torcedores todo o aquecimento do time no vestiário.

A equipe colombiana, mesmo sem ter história na Libertadores, não quis saber de nada disso. Conseguiu o empate por 0 a 0 no Morumbi e venceu em Manizales, sua casa, na semana seguinte, por 2 a 1. A eliminação trouxe momentos difíceis para Rogério. Antes da chegada a São Paulo, o time parou em Belém, para enfrentar o Paysandu, pelo Campeonato Brasileiro. Perdeu por 1 a 0.

O jogo seguinte seria contra o Palmeiras, em São Paulo. A torcida, revoltada, foi a campo vestindo amarelão, para mostrar que não confiava no time. O Palmeiras venceu por 2 a 1. Luís Fabiano, o artilheiro, errou um pênalti. Rogério Ceni, o goleiro, deu rebote em uma bola não tão difícil e Vagner Love marcou.

A torcida acusou os dois ídolos pela derrota. Luís Fabiano saiu, foi para o Porto. Rogério Ceni, ainda no vestiário, chorando muito, pediu para sair. Juvenal Juvêncio, presidente do clube, disse que nem aceitava esse tipo de conversa. Rogério ficou. A parte mais bela da história ainda estava para ser contada.

Libertadores, como os grandes

Faltavam títulos. Títulos importantes. Era essa a última barreira para Rogério vencer. Ele, que em 27 de julho de 2005, igualou, com 618 jogos, o recorde que pertencia a Waldir Peres, ganhou a sua primeira Libertadores.

E como ganhou. Defendendo muito e ainda fazendo cinco gols. Foi um título para afastar, de vez, as desconfianças dos mais ranzinzas. Na primeira fase, contra Universidad de Chile, The Strongest, da Bolívia, e Quilmes, da Argentina, o São Paulo ganhou todas em casa e empatou todas fora. Rogério fez um gol, contra os chilenos, de falta. As oitavas seriam contra o Palmeiras. No Parque Antártica, vitória do São Paulo por 1 a 0, gol de Cicinho. No Morumbi, 2 a 0, gols de Cicinho e Rogério. O Tigres, do México, foi eliminado nas quartas de final,

Rogério, em 2007, comanda a festa do quinto título brasileiro conquistado pelo São Paulo. Em 2008, viria o hexa, novamente com ele no gol.

com uma goleada por 4 a 0 em São Paulo e uma derrota por 2 a 1 em Monterrey. Na goleada, dia 1º de junho, Ceni fez dois gols de falta. E perdeu um pênalti. Pela primeira vez, poderia ter feito três gols em um jogo. Na derrota, uma atuação antológica. "Foi minha melhor atuação no torneio, com no mínimo quatro defesas que evitaram a reversão do placar geral", disse Ceni ao jornalista André Plihal.

Contra o River, nas semifinais, marcou mais um. E, na final contra o Atlético Paranaense, teve um diálogo cheio de ironia com o atacante Fabrício, que prometeu um gol ao capitão do São Paulo. Teve sua chance no último lance do primeiro tempo. O São Paulo vencia por 1 a 0 e o Atlético Paranaense tinha um pênalti a seu favor. Fabrício chutou na trave. E Rogério devolveu a provocação. "Meu filho, nem de pênalti você vai fazer gol aqui hoje. Acabou."

Sempre há novas barreiras a serem vencidas pelos grandes jogadores. Mesmo com o título da Libertadores, Rogério ainda ouvia que sua fama vinha muito mais dos gols que fazia do que daqueles que evitava. As maiores críticas são pela postura diante do atacante que chega perto dele, para o último toque. Ninguém entre eles. O artilheiro, a bola, o goleiro e o gol. Rogério adotou o estilo de abaixar o corpo, fechando o ângulo com a mão direita, se o lance for na esquerda e vice-versa. "Aprendi com o Navarro Montoya, que jogava no Boca. Chama-se crucifixo", diz. Para as outras torcidas, ele é apenas o goleiro que ajoelha.

Todos os críticos ficaram sem argumentos em 18 de dezembro de 2005. Depois de eliminar o Al Ittihad, da Arábia Saudita, o São Paulo disputaria o título mundial com o Liverpool, que havia se livrado do Saprissa, da Costa Rica. O São Paulo ganhou por 1 a 0, com um gol improvável. O zagueiro Fabão, deslocado na direita, lançou Aloísio no meio. Ele matou no peito e tocou para o volante Mineiro marcar. O gol foi aos 26 minutos do primeiro tempo e, a partir daí, o Liverpool, que era chamado e também se chamava de "imbatível", atacou e atacou. Muito. E sempre foi brecado por Rogério Ceni.

Campeão do mundo

Foi uma atuação impecável.

– Depois desse título, profissionalmente não tenho mais nada a pedir. Prêmios de melhor do Mundial, sem ter batido falta e pênalti na decisão. Como goleiro! Os caras finalizaram 18 vezes e não marcaram nenhum gol – disse Rogério Ceni.

É importante notar como ele vibra ao dizer que foi o melhor do Mundial "como goleiro". Obsessivo como sempre, sabia haver ultrapassado a última barreira.

No ano seguinte, participou da Copa do Mundo da Alemanha. Ganhou o seu primeiro título brasileiro e ultrapassou o goleiro paraguaio Chilavert, até então o que havia feito mais gols na carreira como arqueiro. Foram dois gols marcados contra o Cruzeiro, no dia 20 de agosto, pelo Campeonato Brasileiro. Um de pênalti e um de falta. Com o primeiro, Ceni havia chegado a 63 gols, o novo recorde. Chilavert nunca reconheceu o seu feito. "Eu fiz meus gols pela seleção e em jogos oficiais. Ele fez pelo time dele, não tem comparação", afirmou, diversas vezes.

Os dois gols foram pouco comemorados por Ceni. Quatro dias antes, na final da Libertadores, contra o Internacional, ele havia falhado. No primeiro jogo, em São Paulo, o Inter havia vencido por 2 a 1. Na final, em Porto Alegre, após um cruzamento de Jorge Wagner, Ceni soltou a bola nos pés de Fernandão. O jogo terminou 2 a 2, com o atacante tricolor Alex Dias perdendo um gol feito no último minuto de jogo. Um triste fim para uma Libertadores em que Ceni havia atuado muito bem. Fez dois gols e mostrou-se decisivo ao pegar um pênalti nas quartas de final contra o Estudiantes.

Sobrou então o "consolo" de ser campeão brasileiro. Algo que se repetiria nos dois anos seguintes. O São Paulo, eliminado na Libertadores por Grêmio e Fluminense, seria hexacampeão brasileiro. E o primeiro time a ganhar o Campeonato Brasileiro três vezes seguidas. Em 2007, Rogério comandou uma defesa praticamente invencível. Com os zagueiros Bruno, André Dias e Miranda, o time sofreu apenas 19 gols em 38 jogos.

Em 2009, a eliminação na Libertadores foi contra o Cruzeiro. E o time ficou em terceiro lugar no Brasileiro. Ceni teve uma contusão grave. Em 13 de abril, fraturou o tornozelo direito, em um lance isolado. Foi durante os treinamentos para a segunda partida da semifinal do Campeonato Paulista, contra o Corinthians. Na primeira, havia falhado no segundo gol, em um chute longo de Cristian. Após a operação, passou a fazer seis horas diárias de fisioterapia. Voltou a atuar em 19 de agosto, contra o Fluminense.

No final do mesmo ano, seu contrato foi renovado por mais três anos. Até o seu término, tudo indica que terá completado 1000 jogos e feito 100 gols pelo São Paulo. Em 31 de janeiro de 2010, pelo Campeonato Paulista contra o Sertãozinho, no empate por 2 a 2, ele havia chegado ao 876º jogo e ao 86º gol marcado.

Já é um mito, há muito, mas ainda há história a ser construída.

ROGÉRIO CENI
22/1/1973

TÍTULOS

	Sinop	Campeonato Matogrossense 1990
	São Paulo	Campeonato Paulista 1998, 2000, 2005
		Torneio Rio-São Paulo 2001
		Campeonato Brasileiro 2006, 2007, 2008
		Copa Conmebol 1994
		Libertadores da América 1993, 2005
		Supercopa da Libertadores 1993
		Recopa Sul-Americana 1993, 1994
		Mundial Interclubes 2005
	Seleção brasileira	Copa das Confederações 1997
		Copa do Mundo 2002

ENTREVISTA
LEÃO

"Ele é um dos jogadores
mais inteligentes
que conheci."

Dois gênios fortes, duas lendas dentro do gol, dois nomes que são criticados pela personalidade difícil, mas que em nenhum momento são questionados quanto ao profissionalismo e a vontade de jogar.

Émerson Leão conhece o caminho das pedras como poucos. Goleiro da Academia do Palmeiras na década de 1970, titular em duas Copas do Mundo – 1974 e 1978 – e reserva em 1970 e 1986, foi um dos maiores arqueiros que o país já viu, eleito um dos três maiores do planeta após a Copa da Argentina, em 1978. Homem de personalidade dominante, não admite deslizes de colegas ou de jogadores sob seu comando. Perfeccionista, atrelado a conceitos rígidos e que sabe que a melhor resposta para os críticos e detratores se encontra no trabalho diário e árduo. Por isso, jamais deixou um treino sem estar completamente extenuado e sempre foi seu maior crítico.

Se a dureza dele impressiona, Leão ficou feliz em encontrar uma "alma gêmea", quase 20 anos depois de parar e se tornar treinador. No São Paulo, em 2005, descobriu que Rogério Ceni tinha as mesmas qualidades que tanto admira. E mais: do mesmo jeito que era criticado, e muitas vezes de forma injusta, viu Ceni ser acusado, várias vezes, ou se tornar uma figura antipática para os torcedores rivais.

E até nisso se parecem: quanto mais criticados são, mais duro trabalham e mais conquistas colecionam. O relacionamento entre ambos durou apenas seis meses e rendeu um Campeonato Paulista ao São Paulo, o último do clube, aliás, em 2005. Mas Rogério já era observado por Leão há tempos, tanto que o treinador deu a ele a camisa

1 da seleção brasileira em sua curta passagem pelo comando do time canarinho, entre 2000 e 2001. Foi a única chance efetiva de Rogério no arco da seleção, ainda que tenha sido convocado para duas Copas do Mundo – 2002 e 2006 – sempre como reserva.

Leão viu naquele goleiro, já quase uma lenda dentro do São Paulo Futebol Clube, um profissional zeloso ao extremo, que sempre treinou mais que os outros, mesmo já tendo passado dos 30 anos, faminto por mais conquistas e na busca incessante da perfeição.

Aquele mesmo goleiro que ele proibiu de bater pênalti na seleção, era agora um dos maiores artilheiros do time com suas cobranças venenosas de faltas e de pênaltis, um líder incontestável dentro de campo, capitão, carismático, um observador atento dos adversários e uma pessoa inteligente e articulada.

E um profissional acima de qualquer crítica, que jamais lhe deu problema algum ou sequer entrou em choque com a personalidade forte do comandante Émerson Leão. Pode-se dizer que Rogério Ceni era o reflexo no espelho de Leão nos tempos de goleiro: ambos vencedores, sempre buscando algo a mais e nunca dando chance alguma a quem desejava roubar a tão sonhada camisa número 1.

Como ex-goleiro e ex-treinador de Rogério Ceni na seleção e no São Paulo, como você o avalia?
O Rogério não passou pelo futebol e não deixou que o futebol passasse por ele. Ao contrário, marcou sua trajetória dentro de um grande clube, um dos gigantes do futebol brasileiro. Ele se dedicou e se instruiu muito, buscou os melhores relacionamentos, estudou as regras do futebol para tirar o máximo proveito e se especializou na profissão. Assim, cresceu e prosperou. Fez com que o futebol, como primeira atividade, lhe desse tranquilidade para se dedicar a outras atividades no futuro.

Assim como você, o Rogério é um goleiro de muita personalidade e liderança. Mas como era essa liderança internamente, era positiva?
Só se pode saber se uma liderança é positiva depois de certo tempo, olhando para trás e vendo qual a raiz que o jogador deixou em seu

local de trabalho. A raiz do Rogério dentro do São Paulo Futebol Clube é longa e ninguém é líder por acaso. Enganar em um prazo curto é fácil, a médio prazo, um pouco mais difícil, mas a longo prazo não tem jeito, é impossível. Alguns dizem que ele deu sorte. Como ter sorte tanto tempo? Ele tem qualidade e seus méritos. Sempre foi um líder positivo.

Quais são os pontos fortes dele, além da extrema habilidade com os pés? E ele tem algum ponto fraco?
Ele tem alguns pontos fortes necessários para o profissional. O primeiro é personalidade definida. O segundo é saber o que quer e até onde quer chegar. Dentro dessa liderança tem comando e se expõe ao dar uma opinião. É típico de quem tem autoconfiança. Tecnicamente, ele é inteligente. E o que significa isso? Ele conhece as suas falhas e as enfrenta buscando antídotos baseado em seus pontos fortes.

Pode explicar melhor?
O Rogério não é tão elástico, então ele aperfeiçoou a boa colocação. Isso requer técnica e inteligência. Sua saída de bola com as mãos não é de primeira linha, mas com os pés é absolutamente

Leão, que disputou quatro Copas do Mundo, foi técnico de Rogério Ceni, que disputou duas, na conquista do campeonato paulista de 2005, quando tiveram — ao contrário do que se esperava — um relacionamento sem atritos.

maravilhosa. Quando ele não é bom em algo compensa com outras coisas. E luta sempre para melhorar. Por exemplo: é o cobrador oficial de faltas porque é melhor nesse fundamento que os demais jogadores da linha. Ele treina mais que os outros.

O Rogério tem uma grande admiração por você e disse até que iria pedir que você não saísse do São Paulo após o título paulista, em 2005. A relação de vocês era boa?
Achavam que por eu ter sido goleiro e ter personalidade parecida com a dele teríamos problemas. Quando eu ouvi isso, morri de rir porque sabia que nada disso iria acontecer. Sabia que a convivência seria boa porque ele é muito inteligente e sabe se relacionar. Passei seis meses e me dei muito bem com ele. Problema zero.

Você tentou aperfeiçoar algo no estilo de jogo dele já que foi um grande goleiro?
Treinar goleiro é fácil. Basta ir lá, chutar um monte de bolas e cansar o goleiro. É fácil deixá-lo exausto. Mas o mérito está em corrigir os defeitos com treinamento, pois é necessário aperfeiçoar os detalhes. Quando o goleiro é muito bom, precisa treinar apenas os detalhes. E se ele aceitar esse tipo de trabalho, tudo fica mais fácil. Alguns aproveitam a conversa para sempre, mas outros se esquecem em três dias. Com o Rogério é a primeira opção. Ele sempre quer aprender algo a mais.

Como era a conversa do técnico com o capitão Rogério Ceni antes das partidas? O que você pedia a ele?
Quando ele observava alguma coisa pedia para me dizer. Sempre que fosse necessário. Ele estudava muito o adversário, era muito atento. Tem muita inteligência tática, sabe do posicionamento do outro time e a gente trocava ideias.

Por que você acha que ele não se fixou com a camisa 1 da seleção como você?
Não sei se isso é verdade. Discordo. Ele foi para duas Copas do Mundo. Às vezes, o reserva pega um momento em que o titular

não lhe dá chance alguma. Em 2002, o Marcos atravessava uma fase espetacular e tinha de jogar. Em 2006, era a vez do Dida, ele merecia ser o titular. Talvez o que tenha atrapalhado um pouco o Rogério é que ele demorou a ser notado, porque enquanto os outros goleiros eram titulares em seus clubes, ele ficava na reserva do Zetti. Ele sempre foi paciente: lembre-se que esperou uma vaga no time do São Paulo durante anos. Esperou sua vez trabalhando muito, sem buscar soluções fora do campo, sem fazer intriga.

O Rogério foi titular com você na seleção. Por quê? E uma curiosidade: ele tinha permissão para bater pênaltis na seleção?
Eu o convoquei porque o conhecia, porque o considerava o melhor. Mas não o deixei bater pênaltis, porque ainda estava engatinhando na seleção e não queria que se arriscasse demais. Além disso, ainda não era o grande batedor de pênaltis e cobrador de faltas em que se transformou depois.

Ele é supervalorizado porque bate bem na bola?
A realidade é uma só: ele é bom e sabe se valorizar. É mais inteligente. Sempre treina mais que os companheiros e quer ser um grande especialista. Alguns acham que ele faz isso para compensar uma suposta deficiência no gol, o que é uma tremenda bobagem. Mesmo se não soubesse chutar uma bola, eu o consideraria um grande goleiro.

Você o considera mais talentoso ou trabalhador?
As duas coisas. O talentoso é trabalhador e faz as duas coisas ao mesmo tempo. Ele é inteligente por aliar as duas qualidades. Uma coisa não se separa da outra. Um jogador talentoso que não trabalha não chega a lugar algum. Rogério chegou onde chegou por seu histórico, pelo comprometimento e por tudo que conquistou dentro do clube. Se ele é o maior jogador da história do clube não sei dizer, mas é o atleta mais lembrado hoje quando se fala do clube. Tem uma ligação imensa com a instituição São Paulo Futebol Clube e com os torcedores.

CAPÍTULO 9

MARCOS

Campeão da Libertadores, é adorado pela torcida do Palmeiras, principalmente porque não aceitou jogar na Europa para ficar ao lado de seu time, na segunda divisão do Brasileiro.

A eleição reunia profissionais de vários países. Todos os jornalistas que cobriam a Copa do Mundo da Coreia e Japão (2002) estavam habilitados para participar da escolha, mas muitos já haviam voltado aos seus países. Os brasileiros se dividiram entre Ronaldo e Rivaldo. Quem seria eleito o melhor jogador da Copa do Mundo que terminaria algumas horas depois, com o jogo entre Brasil e Alemanha?

A divisão foi fatal. O vencedor foi Oliver Khan, o goleiro alemão. Terminado o jogo, não havia dúvidas sobre a injustiça cometida. Ele jogou mal, falhou em um gol e o Brasil foi campeão. Kahn, que adora analisar as bolsas de valores para decidir a melhor maneira de aplicar o seu dinheiro, não foi o melhor jogador da Copa. Não foi sequer o melhor goleiro da Copa. O posto, justiça houvesse, ficaria com Marcos Roberto Silveira Reis, que não entende nada de cotações da bolsa, mas adora música sertaneja e morre de medo de histórias de fantasma.

Em Oriente, cidade com menos de 10 mil habitantes no interior de São Paulo, a 465 quilômetros da capital, dona Antonia, mãe de Marcos, aprovou, com fina ironia caipira, a escolha dos jornalistas. "Ele mereceu ganhar, foi muito bom para nós ao soltar aquela bola para o Ronaldo marcar. Foi justo ele ganhar e foi justo também o Marcos ser campeão do mundo."

Rei de Oriente

Para se falar de Marcos, é preciso, sempre, pensar em Oriente. Não o Japão, onde ele foi fundamental na conquista do pentacampeonato, mas na cidade em que nasceu e de onde seu pensamento pouco sai. É ali que passa férias e onde gosta de ficar conversando, na praça da Matriz, com colegas de infância e de juventude. E a brincadeira preferida de quem ficou na cidade é gracejar com o medo do filho famoso, que saiu dali para ganhar o mundo.

— Ficava conversando com os meus colegas e logo eles começavam a contar histórias de fantasmas. Então, dois deles iam embora mais cedo e ficavam me esperando no caminho de casa. Quanto eu passava, era aquele susto. Agora, não me pegam mais — conta, rindo muito, o goleiro que começou a jogar bola em Oriente mesmo — onde mais seria? — e depois de uma breve passagem pelo Lençoense, de Lençóis Paulista, chegou ao Palmeiras em 1992.

Foi o único clube que defendeu na carreira. Transformou-se em uma unanimidade. Amado pelos títulos que conquistou, pelos pênaltis que defendeu, pelas contusões que sofreu e, principalmente, por haver jogado a Série B do Campeonato Brasileiro, apenas seis meses após fechar o gol na Copa de 2002. Um pentacampeão jogando pelo acesso, em Garanhuns, no interior de Pernambuco. Foi ali que o Palmeiras conquistou, após uma virada por 2 a 1 contra o Sport, o direito de voltar à elite do futebol brasileiro.

Marcos comemorou muito, tanto como no título mundial. Naquele momento, nem se lembrou do Arsenal, time inglês que havia tentado contratá-lo seis meses antes. Uma oferta milionária, que o levaria a jogar ao lado de Gilberto Silva, colega de pentacampeonato. O goleiro caipira viajou com a intenção de pedir alto para que o negócio não desse certo. A tática deu errado.

— Tudo que eu pedia, eles davam. Eu fazia uma exigência e eles concordavam. Mas aí olhei para o meu pai, que morria de medo de avião, e pensei que seria impossível ficar longe dele e da minha família por um mês inteiro. Não ia poder ficar viajando para Oriente, e nem eles iriam viajar para Londres. E, além do mais, o Palmeiras precisava de mim no inferno que seria a Série B.

Fiel à família, fiel à cidade, fiel à única camisa que vestiu na carreira. Marcos é assim. Fala o que pensa, sem nenhum freio. A cada partida ruim, faz a alegria de jornalistas, ávidos por uma declaração polêmica. O que faz o torcedor comum gostar ainda mais dele. O time está mal, mas o Marcão (esse é o apelido carinhoso dado pela torcida) está metendo a boca. O time está mal, mas São Marcos (esse é o título cheio de reverência dado pelos mesmos torcedores) está lá para defender.

São Marcos. Título que ninguém vai tirar dele. E, quem ouve e presencia tanta afinidade não sabe como foi dolorido o processo de canonização. Antes de atingir essa posição, o jovem tímido e calado de Oriente, teve um longo caminho e quase não era conhecido da própria torcida até brilhar na Taça Libertadores de 1999.

Estreia e quatro anos sem jogar

Marcos chegou ao Palmeiras em 1992. O titular era Carlos, mas ainda havia Velloso, César, Sérgio e outros. A briga seria dura. Estreou em um amistoso contra a Esportiva de Guaratinguetá. Goleada do Palmeiras por 4 a 0. Nada que mudasse seu status no grupo. Seria sua única partida nos quatro anos seguintes. E ele continuou sendo apenas mais um jovem sonhando com a vida em um grande clube de uma grande metrópole. Um juvenil que treinava com os titulares Velloso e Sérgio.

O Palmeiras era um gigante debilitado. Atravessava um inferno de 16 anos sem títulos e de tremendas provações, mas, a partir de uma parceria com a Parmalat, em abril de 1992, começava a reagir. Vários craques foram contratados para tirar o time daquela fila vergonhosa, o que aconteceria apenas no ano seguinte: Edmundo, Edílson, Roberto Carlos, se juntavam à Zinho, Evair, César Sampaio e Mazinho para a redenção que se concretizou em 12 de julho, com a conquista do título paulista, sobre o Corinthians.

O goleiro titular era Velloso, que havia se machucado no início do campeonato. A vaga ficara para Sérgio, que alternou ótimas partidas com falhas imperdoáveis. Com ele, o clube venceu o Paulista, o Rio-São Paulo e o Brasileiro, fazendo a torcida sair do coma e berrar, a plenos pulmões: "É festa, é festa no chiqueiro, é Paulista, Rio-São Paulo e Brasileiro!".

A Marcos, coube a pequena honra de sair na foto que homenageava os campeões. E a alegria de haver conquistado um amigo para sempre. Sérgio, que o acolheu quando chegou a São Paulo, é uma das vítimas preferidas das brincadeiras de Marcos.

– Um dia nós chegamos para almoçar na casa dele e o Sérgio disse que iria reclamar da comida. Falei para ele ficar quieto, mas quis dar uma de machão. Reclamou para a mulher e ela respondeu que, se quisesse coisa melhor era para ir ao restaurante. Aí, o Sérgio falou assim: "desculpa, meu amor".

Em 1994, Sérgio perdeu a vez. A diretoria palmeirense apostou no paraguaio Gato Fernandez para conquistar a Libertadores. Marcos nem foi cogitado. E continuou não sendo quando o Gato se foi. Como o clube tinha um sistema de cogestão com a Parmalat, a ideia foi trazer Taffarel, que estava na reserva do Parma, patrocinado pela parceira palmeirense.

A especulação trouxe problemas. Velloso, que havia se recuperado, disse que deixaria o clube. Como Taffarel nem quis ouvir falar em voltar ao Brasil, tudo se ajeitou. Velloso ficou como titular, Sérgio na reserva e Marcos, que já havia saído em um pôster, saiu agora do banco de suplentes. Até o ano seguinte, quando Sérgio resolveu seguir a carreira em outros times.

Aposta

Houve propostas para que Marcos saísse, mas ele ficou, apostando em si e no clube. "Eu via muita gente se aventurando por aí e ficando até sem receber salários. Preferi ficar para esperar a minha hora, sabia que teria minha chance." Ela apareceu em 19 de maio de 1996, quando o Campeonato Paulista estava praticamente ganho, com o inesquecível time dos 100 gols e ataque composto por Müller, Djalminha, Luizão e Rivaldo.

Em seu segundo jogo, quatro anos e três dias após aqueles 4 a 0 sobre a Esportiva, o placar contra o Botafogo foi o mesmo. A diferença é que o jogo poderia ser 4 a 1, não fosse o pênalti defendido por Marcos. Vestia a camisa 12, que o acompanhou por toda a vida. E, com ela, engatou uma série de 19 partidas praticamente sem erros. E seu nome surpreendeu o Brasil, ao receber uma convocação de Zagallo, técnico da seleção. Para desespero do contundido Velloso, que sonhava em retornar ao selecionado que defendera em 1991, chamado por Paulo Roberto Falcão.

Toda convocação marca a vida de um goleiro, mas aquela trouxe pouco de prático na vida de Marcos. Não jogou e quando voltou ao Palmeiras, reassumiu o seu posto de titular do banco de reservas. Velloso estava recuperado e o lugar era dele.

Com a chegada de Luiz Felipe Scolari ao Palmeiras, em 1997, Velloso continuou titular, intocável, mas o técnico gaúcho sabia que tinha um ótimo goleiro reserva. Cada jogo que Marcos entrava e dava conta do recado, aumentava a expectativa de que logo haveria uma briga dura pela posição, apesar de Velloso ter sido titular na conquista da Copa do Brasil de 1998.

Libertadores contra o rival

Não houve briga. Houve nova contusão de Velloso, dessa vez com a Libertadores em andamento – aquele título da Copa do Brasil havia garantido a vaga ao Palmeiras. O grupo 3, além do time alviverde, reunia os paraguaios Cerro Porteño e Olímpia, além do campeão brasileiro, o Corinthians, time que os palmeirenses adoram derrotar em proporção menor apenas do que odeiam perder.

No primeiro turno, o Palmeiras havia vencido o Corinthians por 1 a 0, vencido o Cerro Porteño por 5 a 2 e perdido para o Olímpia, por 4 a 2. No jogo da volta, apenas um empate com o Olímpia, em São Paulo. E chegou a vez de Marcos estrear. No grande clássico, contra o grande rival. Perdeu por 2 a 1, porém uma vitória pelo mesmo placar contra o Cerro classificou o Palmeiras em segundo lugar.

Nas oitavas de final, o Corinthians eliminou o boliviano Jorge Wilstermann e o Palmeiras passou pelo Vasco. Os dois se encontrariam novamente nas quartas de final.

O primeiro duelo foi em 5 de maio. Os corintianos deixaram o Morumbi sem entender o que havia se passado. O time alvinegro defendeu melhor, passou melhor, atacou mais e o jogo terminou 2 a 0. Só que para o Palmeiras. Graças a Marcos, que pegou tudo e um pouco além, garantindo a vitória com gols de Oséas e de Rogério.

O segundo jogo foi em 12 de maio. O mesmo domínio corintiano e o mesmo placar, mas desta vez os 2 a 0 favoreceram quem jogou melhor. Os gols foram de Edílson e de Ricardinho. E novamente Marcos se sobressaiu.

A decisão foi para os pênaltis. Rincón fez o primeiro para o Corinthians. Arce empatou. Dinei chutou no travessão e Evair deixou o Palmeiras na frente. Vampeta chutou forte à meia altura no canto direito de Marcos. O arqueiro quase desconhecido foi na bola e defendeu. A festa estava pronta, e começou após cobranças corretas de Silvinho para o Corinthians e de Zinho para o Palmeiras. Os palmeirenses comemoravam o seu novo herói.

O Palmeiras eliminou ainda o River Plate (1 a 0 em Buenos Aires e 3 a 0 em São Paulo) e foi para a final contra o Deportivo Cali, da Colômbia. No primeiro jogo, fora de casa, derrota palmeirense por 1 a 0. Na final, vitória por 2 a 1. Na decisão por penais, Zinho errou a primeira cobrança. Os colombianos acertaram as três primeiras e o título parecia muito longe do Parque Antártica, mesmo quando Rogério empatou.

Para ser campeão, o Palmeiras precisaria acertar o seu último chute e esperar ainda por dois erros do Deportivo Cali. E Bedoya chutou na trave. E Euller acertou. E Zapata mandou a sua cobrança para fora. O Palmeiras era o novo campeão da América. O Palmeiras de Felipão, Zinho, Evair, Euller e outros, mas também, em grande medida, era o Palmeiras de Marcos, eleito o melhor jogador da competição.

E continuou sendo o Palmeiras de Marcos até hoje, até sempre. Mesmo com tropeços como aquele de 30 de novembro de 1999, quando o time foi a Tóquio decidir o título mundial de clubes contra o Manchester.

O Palmeiras jogava bem, dominava o jogo, mas aos 35 minutos do primeiro tempo, Marcos falhou. Giggs cruzou desde a esquerda do ataque, ele rebateu e Keane fez o único gol da partida. Em 2010, 15 anos depois, Marcos explicou o erro:

– Chegamos ao Japão com toda a confiança de que iríamos ganhar do Manchester. Tínhamos time para isso. Na noite anterior ao jogo, o Felipão passou um vídeo mostrando que todos os cruzamentos ingleses pela esquerda eram curtos, na primeira trave. Eu deveria estar atento para antecipar. Fiquei muito condicionado, só pensando no vídeo e esse foi o erro. Quando a bola foi levantada para a área, dei um passo para a direita e fiquei com todo o meu peso na perna direita para antecipar. A bola foi longa, alta, ao contrário do que vimos no vídeo. Me encobriu, não tive chance de me recuperar. Foi uma grande falha. Infelizmente perdemos o título ali. Tivemos chances de marcar, mas não conseguimos e o que ficou marcado foi o 1 a 0 para o Manchester, nesse gol bobo, idiota. Se o Barbosa ficou marcado pela derrota em 1950, eu também vou ficar marcado pelo gol do Keane.

É lógico que os torcedores de São Paulo e Corinthians comemoraram o gol sofrido por Marcos, mas ele não foi crucificado por sua torcida. Ela entendeu, de forma generosa, que Marcos havia levado o time à decisão e não poderia ser responsabilizado por uma derrota. E se houve algum palmeirense mais mal-humorado, com certeza ele perdoou Marcos no ano seguinte.

Novamente a Libertadores. Novamente Palmeiras e Corinthians. Os dois se encontraram em uma das semifinais. O Palmeiras, com três vitórias, um empate e duas derrotas, classificou-se em primeiro no grupo que ainda tinha Juventude, The Strongest (Bolívia) e El Nacional (Equador). Em seguida, passou por Penãrol (Uruguai) e Atlas, do México. O Corinthians, primeiro em seu grupo, com quatro vitórias, um empate e uma derrota, havia eliminado Rosario Central (Argentina) e Atlético Mineiro.

Em 30 de maio, os dois times fazem um clássico sensacional, para ser lembrado. Ricardinho colocou o Corinthians em vantagem e Júnior empatou. Marcelinho e Edílson, dois gols que construíram o 3 a 1 ao Timão. O Palmeiras foi buscar o empate, com gols de Alex e de Euller, já aos 37 minutos do segundo tempo. Agora, era o empate que parecia definitivo, mas aos 45 minutos, Vampeta chutou, a bola bateu em Roque Júnior e enganou Marcos. Um 4 a 3 que dava ao Corinthians o direito de jogar pelo empate na segunda partida.

Chegou o 6 de junho inesquecível para os palmeirenses. O time saiu na frente, com Euller, mas permitiu a virada, com dois gols de Luizão. Alex empatou e Galeano fez o terceiro, aos 26 minutos do segundo tempo. Nova decisão nos penais, pouco mais de um ano após o dia em que Marcos surgira definitivamente para o estrelato, defendendo o chute de Vampeta e vendo a cobrança de Dinei ir para fora.

No gol do outro lado, Dida, também especialista em pênaltis. Os cobradores dos dois times estavam com o pé na fôrma. Marcelo Ramos fez para o Palmeiras e Ricardinho empatou. E as cobranças continuaram: Roque Júnior, Fábio Luciano, Alex, Edu, Asprilla, e Índio. Foi então que Júnior fez o último gol do Palmeiras.

Defesa inesquecível contra Marcelinho

A decisão estava nos pés minúsculos de Marcelinho e nas mãos enormes de Marcos. Se existe mesmo energia negativa, ela foi toda direcionada por mentes e corações palmeirenses contra Marcelinho. Tão odiado pelos adversários como amado pelos corintianos. O Marcelinho que poucas vezes se referia à camisa corintiana como "camisa". Para ele, era sempre o manto sagrado, a sua segunda pele. Para os corintianos, prova de amor e respeito, para os outros torcedores, marketing em sua essência.

O chute foi no lado esquerdo de Marcos, que havia se adiantado. Um ou dois passos para a frente, um salto lateral e a defesa com as duas mãos espalmadas. O Morumbi viu explodir a alegria dos palmeirenses. E de Marcos, tão palmeirense como os outros, só que mais privilegiado. Pôde concretizar o sonho de todos eles. Poucos poderiam ter imaginado um final de sonho tão perfeito: vitória nos pênaltis, com Marcos defendendo chute de Marcelinho.

Pela única vez após a defesa de um pênalti Marcos não se ajoelhou e ergueu as mãos para os céus. Totalmente alucinado, correu para a direita, rumo às arquibancadas e, com um peixinho inesquecível mergulhou na grama do Morumbi.

– Já fiz grandes defesas, mas todo mundo diz que a mais importante foi o pênalti que defendi do Marcelinho Carioca, na Libertadores. Eliminar o Corinthians, pegando um chute dele realmente ficou marcado. E claro que me adiantei. Se o goleiro não fizer isso, ele bate com a cabeça na trave – disse, com sinceridade, sobre a defesa.

A derrota para o Boca Juniors na final da Libertadores não deixou o palmeirense tão triste assim. Se vencer o Corinthians vale um campeonato, Marcos havia sido artilheiro por dois anos seguidos.

É penta!

Quando Scolari foi confirmado como substituto de Leão na seleção brasileira, imediatamente houve a troca de goleiros: saiu Rogério Ceni e entrou Marcos, em quem o treinador tinha total confiança. E ele não decepcionou, apesar de um início cheio de pressão.

Estreou junto com Felipão, em 1 de julho de 2001, contra o Uruguai, em Montevidéu. O Brasil perdeu por 1 a 0, com um gol de pênalti. Este foi o primeiro e único jogo em que Romário atuou sob o comando do novo treinador. Scolari deu a ele a faixa de capitão, mas depois nunca mais o convocou. Uma das versões sobre o caso é que o artilheiro teria passado a noite sem dormir e, antes da partida, dito ao treinador que não tinha condição de jogar. Scolari, então, negou o pedido. Fez com que ele entrasse em campo nos dois tempos, como a mostrar a sua pouca condição física.

Seja ou não esta a razão, o fato é que começaram as pressões de torcedores e parte da imprensa para que Scolari voltasse atrás e convocasse Romário. E tudo piorou nos jogos seguintes. O Brasil foi disputar a Copa América na Colômbia, país que vivia o ápice da insegurança política com a guerra entre governo e as Forças Armadas Revolucionárias da Colômbia (Farcs). E Cáli, cidade que recebeu o Brasil, era um palco corriqueiro de atentados.

O volante Mauro Silva, em quem Scolari apostava como homem experiente, desistiu da viagem, alegando falta de segurança.

Foi assim, com um clima de indecisão, que o Brasil estreou. Derrota por 1 a 0 para o México, com um gol sofrido logo aos cinco minutos. Em seguida, o Brasil venceu Peru (2 a 0) e Paraguai (3 a 1) e classificou-se para a segunda fase. Sofreu então uma das derrotas mais inesperadas, desde a estreia em 1904. Para Honduras, que venceu por 2 a 0.

As críticas foram enormes, muita gente pediu a cabeça de Scolari e a classificação para o Mundial parecia ameaçada. Os pedidos por Romário aumentaram, mesmo com a vitória por 5 a 0 sobre o Panamá, em um amistoso em Curitiba.

De volta às Eliminatórias, a seleção continuou sem agradar. Venceu o Paraguai (2 a 0), perdeu para a Argentina (2 a 1), derrotou o Chile (2 a 0), apanhou da Bolívia (3 a 1) e garantiu a classificação no último jogo com um 3 a 0 sobre a Venezuela, em 14 de novembro. O atacante Luizão fez dois gols. E continuava a pressão por Romário.

Scolari continuou sem responder se o convocaria ou não. Preferia exaltar a união dos jogadores e passou a utilizar o termo "família Scolari" para mostrar que todos estavam juntos na busca do título mundial.

Marcos era um dos símbolos da "família Scolari". Tinha total confiança do treinador. Atravessou o período turbulento sem se comprometer e começou a ganhar o respeito de todos. Os amistosos que precederam a Copa serviram para dar um pouco mais de tranquilidade ao time. Só então, Romário deixou de ser comentado.

Fim de amistosos. Hora de começar a Copa. E Marcos foi muito bem. Esteve seguro em todas as partidas. Na primeira, contra a Turquia, sofreu um gol de Sas no último minuto do primeiro tempo. Ronaldo e Rivaldo viraram o jogo. Contra a China (4 a 0) e Costa Rica (5 a 2) foi um passeio.

Marcos, que esteve seguro em todos os jogos, igualou-se a estrelas como Ronaldo, Rivaldo e Ronaldinho no jogo contra a Bélgica. O jogo estava 0 a 0 e o atacante Marc Wilmots acertou um chute muito forte, próximo à grande área do Brasil. Marcos saltou para a esquerda e tocou para escanteio.

No jogo seguinte, o adversário seria a Inglaterra de David Beckham, famoso por seus cabelos loiros, por suas tatuagens, pela quantidade de fãs que tinha na Inglaterra e no Japão, pelo casamento com Victoria, do conjunto *Spice Girls* e também por seus chutes fortes e cheios de efeito. Cada cruzamento de Beckham era motivo de calafrios em todos os goleiros.

Carlos Pracidelli, preparador de goleiros do Palmeiras e da seleção, disse a Marcos que o antídoto ideal contra os mísseis do inglês era socar todas as bolas que chegassem à sua área. Nada de defesa. Só rebatidas. Marcos saiu com dores na mão, mas o Brasil venceu por 2 a 1. Novamente de virada. E ele não teve culpa no gol de Michael Owen, que se aproveitou de um grande erro do zagueiro Lúcio.

Na semifinal, vitória por 1 a 0 sobre os turcos. Gol de Ronaldo. Defesas de Marcos. E a receita se repetiu no último jogo, contra a Alemanha. Antes do início do jogo, Scolari, após passar suas recomendações ao time, perguntou se Ronaldo gostaria de falar alguma coisa.

"Quero, sim. Podem ter certeza que, se o Marcos não for vazado, a gente será campeão. Um gol, eu faço", disse Ronaldo.

"Marcos, quer falar alguma coisa?", perguntou Felipão.

"Bom, gente, se o Ronaldo fizer um gol, o penta é nosso. Aqui não vai passar nada", disse.

Eles estavam certos. Ronaldo fez dois. Marcos pegou um chute fortíssimo de Neuville, quando o jogo estava empatado. E outro, já quando Ronaldo havia feito os seus dois, em um chute cruzado de Bierhoff.

A maior dificuldade, segundo Marcos, foram os minutos iniciais da partida.

– Estava de novo no Japão, onde eu havia errado três anos antes e senti um calafrio. Mas o Dida e o Rogério Ceni [reservas] conversaram muito comigo e me deram tranquilidade. Aí, depois da primeira defesa, ficou tudo mais fácil. Percebi que seria diferente.

A festa foi em Oriente. Marcos chegou de carro às 18h30 e já havia uma multidão esperando. Cercado por torcedores, o pentacampeão deu autógrafos, tirou fotos e em seguida, desfilou em um carro do Corpo de Bombeiros. Havia 8 mil pessoas, mais que a população da cidade, acompanhando o encontro do herói com o seu povo.

Durante a Copa, conversava quase todos os dias com a mãe. "Se ela não fizesse uma oração comigo, não ficava tranquilo para jogar", confessou.

No segundo semestre, Marcos, contundido, viu o seu Palmeiras se afundar rumo à Segunda Divisão do Brasileiro. Estava machucado e sofreu, fora do time e fora do banco, como palmeirense que é. No ano seguinte, a certeza era de uma classificação tranquila. O início não foi assim. Nos três primeiros jogos, o time empatou em casa com o

América do Rio Grande do Norte, perdeu para o Náutico em Recife e empatou com o Brasiliense, em Brasília. Depois, o time reagiu. Foi o melhor na fase de classificação, quando os oito primeiros iam, divididos em dois grupos de quatro, para a segunda fase. Acabou em primeiro em seu quadrangular e em primeiro, novamente, no quadrangular final. Foi campeão, com o Botafogo em segundo.

Em 2004, teve uma discussão com Carlos Alberto Parreira, novo técnico da seleção. Após uma derrota para Portugal, disse que o time estava acostumado a jogar no 3-5-2 de Scolari e não estava se adaptando ao 4-4-2 de Parreira. O técnico respondeu que o Brasil jogava com dois zagueiros há muito tempo e que não havia nada a ser adaptado. Seria assim e pronto. Depois dessa partida, Marcos faria apenas mais uma com a camisa da seleção, uma goleada por 5 a 2 contra a seleção da Catalunha.

As coisas iam mal também fisicamente. As falhas se acumulavam. Foi assim no Parque Antártica, quando o time perdeu por 7 a 2 para o Vitória, pela Copa do Brasil. Em um dos gols, houve uma furada grotesca de Marcos. Mas a Série B do Campeonato Brasileiro começou, o time subiu e todos foram perdoados. Em 2004, porém, o Palmeiras vencia o Santo André por 4 a 2 pela Copa do Brasil. Marcos falhou duas vezes, o time foi eliminado e ele foi vaiado. O Santo André, para surpresa geral, foi campeão e chegou à Libertadores no ano seguinte.

Marcos passou por uma série incrível de contusões. De 2003 a 2007, foram lesões no dedo mínimo direito, polegar direito, quadril, abdome, coxa direita, pé direito, polegar esquerdo, punho esquerdo, dedo anelar esquerdo, coxa direita, ombro direito, finalizando com uma fratura no braço esquerdo, em 2007. Poderia ser utilizado em um curso de residência médica.

Deprimido, Marcos pensou em largar a carreira e se dizia desanimado ao pensar em novas sessões de fisioterapia. "Estou parecendo jogador de *showbol*" [referência a um torneio de futebol entre jogadores veteranos aposentados], disse em 2007.

Em outros momentos, fazia ironia com a sua situação médica.

– Eu fiquei preso na porta giratória de um banco. O vigia me mandou tirar celular, chaves e todos os objetos do bolso. Mas a porta não abria. Mostrei meu braço e disse. A placa está aqui dentro [no punho esquerdo]. Não tem como retirá-la. Ele riu e abriu a porta.

Não foi convocado para a seleção que tentou o hexa em 2006. E diminuiu a carga de treinamentos. Viu surgir Diego Cavalieri, outro grande goleiro. Ficou no banco, sem reclamar. Quando voltou a ser titular, em 2007, e errou algumas vezes, pediu ao técnico Caio Júnior que o mandasse para a reserva. "O Diego está melhor e não quero prejudicar o Palmeiras", afirmou.

O fim parecia próximo. Havia gente defendendo sua saída em nome da renovação. Mas o clube contratou Wanderley Luxemburgo, que apostou na volta do ídolo. Bancou a permanência do goleiro e Diego Cavalieri foi vendido para a Inglaterra.

Ressurreição com Luxemburgo

A aposta deu certo. Em 2008, Marcos, que voltou a jogar constantemente, após 11 meses de afastamento, foi fundamental na conquista do Campeonato Paulista. Depois do título, explicou porque não aceitou o convite do Botafogo, feito no início do mesmo ano. "Como eu vou conseguir jogar contra o Palmeiras? Não iria dar certo. Se ainda fosse para um time do exterior, mas para mim não dava mais."

No final de 2008, a relação com Luxemburgo teve um estremecimento. O time estava mal e ele não se furtava a dar explicações aos repórteres após os jogos. E suas explicações não eram insossas, como por exemplo "o time foi mal, deu bobeira, mas vamos nos recuperar etc". Ele reclamava duramente de desatenções, de lances errados, falava mais como um torcedor do que como um jogador.

Em 2 de novembro, Marcos fez uma triste viagem até Oriente. Foi enterrar o pai, Ladislau. Ficou muito abalado. Alguns dias depois, o Palmeiras enfrentava o Grêmio pelo Campeonato Brasileiro. Marcos sofreu um gol defensável, aos 27 minutos do segundo tempo. No lance seguinte, ainda com muito tempo de jogo, foi à área rival tentar um gol de cabeça. Estava nitidamente muito nervoso. Repetiu a aventura solitária rumo ao gol do adversário nos dois lances seguintes, apesar de pedidos frenéticos do treinador para não fazê-lo. Não fez o gol. O Palmeiras perdeu e praticamente deu adeus ao título. No final do jogo, Luxemburgo reclamou.

– Quando o Marcos faz essas coisas, fica bem com a torcida, mas deixa o resto do elenco muito mal. Parece que só ele quer ganhar, que ninguém quer nada com o jogo, essa é a mensagem que ele passa. Ele precisa pensar nisso – disse o técnico.

A partir daí, Marcos resolveu não dar mais entrevistas. Durou pouco tempo a decisão.

Em 12 de maio de 2009, dez anos após eliminar o Corinthians na Libertadores, Marcos voltou a brilhar na competição. Palmeiras e Sport jogavam pelas oitavas de final, em Recife. O Palmeiras havia vencido o primeiro jogo por 1 a 0. Perdeu o segundo pelo mesmo placar. Na decisão, Marcos pegou três pênaltis.

Em 2010, se prepara para a disputa da Copa do Brasil. Haja o que houver, vai dar entrevistas falando o que tem vontade. Perca ou ganhe, será festejado. Ele é São Marcos, o que protege o Palmeiras e que, por isso, é perdoado sempre. O torcedor sabe que aquele goleiro de camisa 12 é um dos seus. Tão apaixonado quanto, mas muito bom de bola.

MARCOS Roberto Silveira Reis
04/08/73

TÍTULOS	Palmeiras	Campeonato Paulista 1994, 1996, 2008
		Torneio Rio-São Paulo 2000
		Copa dos Campeões 2000
		Campeonato Brasileiro Série B 2003
		Campeonato Brasileiro 1993, 1994
		Copa do Brasil 1998
		Copa Mercosul 1998
	Seleção brasileira	Copa América 1999
		Copa das Confederações 2005

ENTREVISTA
EDMÍLSON

"Marcos tinha dores no pé, superou tudo e foi o melhor da Copa."

Caipira como o goleiro palmeirense, o zagueiro e volante Edmílson José Gomes de Moraes foi uma figura importante na conquista do pentacampeonato no Mundial do Japão e da Coreia, em 2002. Ao lado de Roque Júnior e Lúcio, era um dos três zagueiros que dava cobertura a Marcos, no Mundial em que o arqueiro palmeirense jogou muito, especialmente nas partidas contra a Bélgica e a Alemanha. O Mundial que ficará marcado como a mais perfeita campanha de uma seleção – 7 jogos e 7 vitórias, superando o próprio Brasil, em 1970, com seis vitórias em seis jogos.

Edmílson considerou um absurdo dar o prêmio de melhor jogador da Copa para o arqueiro alemão Oliver Kahn. Khan foi o primeiro goleiro a conseguir a façanha, que nem lendas como o seu conterrâneo Sepp Maier ou o russo Yashin alcançaram. Mas, na final, o célebre arqueiro do Bayern de Munique e da seleção falhou feio, enquanto Marcos teve atuação impecável. O brasileiro até foi cumprimentar o "craque da Copa" após a final, mostrando que o *fair play*, a humildade e a simpatia são mesmo suas marcas registradas, como comprova Edmílson nesta entrevista.

Após rodar a Europa atuando no Olympique Lyonnais da França – mais conhecido no Brasil, como Lyon –, no Barcelona e Villarreal (Espanha), o versátil jogador nascido em Taquaritinga (interior de São Paulo) e que começou no rival São Paulo, teve o prazer de reencontrar o amigo no Palmeiras, em 2009. Jogaram juntos por um ano, até que o volante deixou o clube, passando a defender o Zaragoza, na Espanha.

Contra a Bélgica, nas oitavas de final, Marcos fez uma defesa de alto nível, que afastou qualquer possibilidade de surpresa, garantindo a vitória por 2 a 0.

(À direita) O volante Edmílson, companheiro de Marcos no Mundial de 2002, também jogou com ele no Palmeiras de 2009.

Nessa entrevista, Edmílson, que tornou a dar umas voltas pelo mundo, agora jogando no Zaragoza, "entrega" um pouco do estilo Marcos de ser.

Como você define o estilo do goleiro Marcos?
Já existe um estilo brasileiro de goleiros. De uns tempos para cá, nossos goleiros têm se destacado e o tipo físico ajudou muito. Os goleiros do Brasil geralmente são grandes e muito fortes. O Marcos é assim. É alto, forte e, além disso, tem personalidade e muita coragem. Sofreu muitas lesões, o que prejudicou a carreira dele, mas tem um histórico muito grande em decisões e fez história no futebol. E ainda tem categoria nos pênaltis.

Como é bater um pênalti no Marcos?
É muito duro, e eu vi isso de perto quando a gente estava treinando durante a Copa de 2002. Eu não sou um grande cobrador e não fazia parte da lista de cobradores, só bateria em último caso, mas treinava bastante com ele. E o cara diminui o gol para quem vai bater. Ele e o Dida são mestres nessa história de pegar pênaltis. O Dida é mais calmo e o Marcos, mais agitado, mas os dois são vida dura para os rivais. Ele torna a vida do batedor um pesadelo.

Como é o Marcos em campo?
No vestiário, ele não fala muito, só alguma coisa na preleção, mas nem sempre isso acontece. Quando a gente entra em campo, ele reúne os zagueiros e os volantes e explica o que está querendo. Explica o posicionamento da turma nas cobranças de falta e de escanteio. Mostra onde cada um vai ficar e depois cobra. E dá para notar a experiência de tantos anos de carreira.

Como ele é na saída de bola?
É muito agressivo, vai para cima da bola, não fica esperando a ajuda de ninguém. Sai forte e manda para longe. É um goleiro que se impõe, que não tem medo de cara feia. Mas sempre com muita lealdade.

Como foi a participação do Marcos na Copa de 2002?
Perfeita. Nos momentos difíceis, ele estava lá para resolver. Foi assim contra a Bélgica, que eu considerei o jogo mais duro, nas oitavas de final. O Marcos fez umas defesas impressionantes. A gente marcou dois gols, com o Ronaldo e o Rivaldo, apenas na segunda etapa e passamos de fase. Contra a Alemanha, na final, ele foi decisivo quando o jogo estava 0 a 0. O Neuville chutou forte, ele defendeu e a bola ainda bateu na trave. Se aquele gol sai, o jogo ficaria muito complicado. O Brasil ganhou as sete partidas que disputou e o Marcos não teve uma falha sequer.

O Marcos foi melhor do que o Oliver Kahn na Copa?
Foi sim, com certeza. É indiscutível. Basta dizer que na final, que é quando tudo se decide, o Marcos pegou tudo e o Kahn levou dois. E num deles ele falhou feio, quando soltou aquela bola do Rivaldo que o Ronaldo acabou chutando no gol. Tem muita gente que faz um grande campeonato e fica marcado por um erro na final. Pode ser goleiro, atacante e até juiz. Com o Kahn, foi assim. Ele vinha bem, mas errou e ficou evidente que não teve goleiro melhor, na Copa, do que o Marcos. Ele superou tudo e deu muita segurança para a zaga do Brasil. Aquela eleição antes da final foi um erro. O Kahn ganhou como melhor jogador da Copa. Para mim, deveria ter sido premiado o Rivaldo e, depois, o Ronaldo.

Marcos teve problemas físicos na Copa?
Sim, ele teve. O Marcão estava com muitas dores no pé e não batia tiro de meta para se preservar. Era uma dificuldade para ele. Eu é que cobrava todos para ele. Mas isso tinha um preço.

Como assim?
A gente tinha feito um trato. Eu cobrava os tiros de meta e ele, em compensação, me dava os ingressos grátis a que tinha direito. Eu pegava esses ingressos e dava para uns japoneses de Jaú, que são meus amigos. Era batata. Chegava um dia antes do jogo e ele já me perguntava se eu ia querer o ingresso. Aceitava e me dava bem.

Pessoalmente, como ele é?
Marcão é um grande amigo de todo mundo. Trata todos com educação, humildade, simpatia e é um cara muito simples. Ele é muito mais caipira do que eu, que nasci em Taquaritinga e comecei a jogar em Jaú. Eu dei umas voltas pelo mundo e o Marcos sempre ficou. Não quis jogar no Arsenal para ficar no Palmeiras, que estava rebaixado.

Isso o ajuda muito na relação com a torcida, não?
Lógico, todo mundo é agradecido a ele. É uma referência como jogador. É difícil ter um ídolo como ele, hoje em dia. É uma pessoa

muito respeitada e querida por todo mundo que trabalha com ele. O Marcos não é um simples funcionário do clube, é alguém muito carismático que está na história do Palmeiras, com um passado muito bonito. Eu acho que ele é o Mr. Palmeiras.

E as entrevistas que ele dá depois do jogo? Ele fala demais?
O jeito dele é esse mesmo e ele não pode mudar, nunca. Se não falar, estará sendo falso, estará indo contra o modo como foi criado, vai sufocar o que pensa e isso pode até fazer mal para ele. Tem que falar mesmo, principalmente porque eu nunca o vi desrespeitando as pessoas quando dá entrevista. Além disso, é um líder do grupo e sempre fala depois das partidas, na derrota ou na vitória. Ele jamais foge das perguntas.

Mas quando ele critica o time, não está prejudicando os companheiros? Não fica uma situação estranha?
Bem, isso já é outra coisa. Eu acho que ele tem o direito de falar o que pensa. Conquistou isso, mas não significa que eu concorde com tudo o que ele fala. E muitas vezes eu não concordo mesmo. Ele tem de pensar que é um ídolo e que o pensamento dele influencia muita gente. Acho que ele poderia maneirar um pouco.

Pode parecer um jeito de ficar bem e deixar o problema para os outros...
Não é isso, não. Não tem "trairagem" da parte dele. O que o Marcos fala na entrevista depois do jogo, ele fala também no vestiário, direto para quem quiser ouvir. Cobra mesmo, dá dura mesmo. Não alivia para ninguém, mas todo mundo sabe que ele está fazendo isso para o bem do time e não reclama de jeito nenhum. É o jeito dele.

É fácil conviver com ele?
Tranquilo, nunca tive problemas. Trabalhamos juntos na campanha de 2002 e tivemos um ano no Palmeiras. Sempre foi um cara legal. É o campeão da moda de viola, não gosta nada de pagode. Eu também gosto e tudo fica em casa. Somos dois caipiras autênticos.

Ivo Gonzalez/Agência O Globo

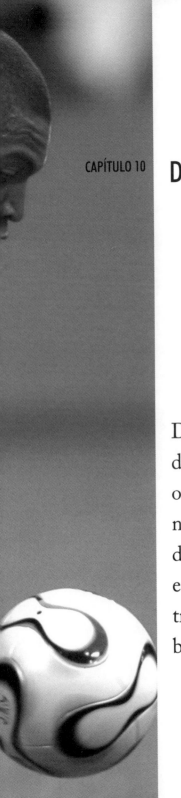

CAPÍTULO 10

DIDA

Deixou o interior
da Bahia para conquistar
o planeta, brilhando
nos títulos mundiais
do Corinthians (Fifa)
e do Milan, além de jogar
três Copas pela seleção
brasileira.

Eram dois gigantes prontos para o segundo duelo daquele domingo, 29 de novembro de 1999. Raí, o Rei do Morumbi, jogando em seu palco preferido, caminhou para a bola. Dida, impassível, colocou-se no meio do gol. Pronto para fazer história.

O Corinthians vencia por 3 a 2 a primeira partida da semifinal do Campeonato Brasileiro. No primeiro tempo, 2 a 2, com gols de Nenê e Ricardinho para o Corinthians, Raí e Edmílson pelo tricolor. No segundo, Marcelinho Carioca colocou o Corinthians em vantagem, aos sete minutos. Aos 17, pênalti para o São Paulo. Raí cobrou no canto esquerdo de Dida. E o goleiro pegou.

Agora, pensavam os são-paulinos, tudo seria diferente. Novo pênalti, aos 45 minutos do segundo tempo. Hora de empatar. E levar a decisão para o próximo domingo.

– Eu conhecia pouco o Dida. Estava voltando da Europa e não acompanhava a sua carreira. Talvez eu devesse ter estudado o seu estilo, mas não fiz isso e me surpreendi. Ele é muito frio e tranquilo e foi muito bem na primeira cobrança – lembra Raí, 11 anos depois.

Naquele dia, na hora da segunda cobrança, o que Raí pensava é que era necessário mudar a batida.

– Depois da primeira defesa, ficou claro para mim que, para fazer um gol no Dida, é necessário chutar forte. Foi o que eu fiz. Chutei forte e no canto. A bola bateu no dedão dele e deu rebatida. Corri para tentar o rebote e não consegui. A gente se chocou e ele precisou sair de campo – diz Raí.

Dida, Rei do Morumbi

Raí, um coadjuvante no Morumbi. Algo difícil de se acreditar, mas naquele dia o Rei do Morumbi foi Nélson de Jesus, o Dida. Dos pés à cabeça, são 1,95m. Da ponta do dedo mínimo direito até a ponta do dedo mínimo esquerdo, com os braços bem abertos, um pouco mais: 1,96m. A envergadura capaz de reverter estatísticas que apontam quase 100% de chances de gol para quem chuta, ali, dos 11 metros de distância.

Assustador para o batedor. Foi assim com Edmundo, na final do Mundial Interclubes, em 2000. Então no Vasco, o grande atacante quis colocar a bola tão longe da muralha negra que o enfrentava de forma tranquila, impassível, sem mexer um músculo do rosto, que conseguiu. Ela foi para longe de Dida, que defendia o Corinthians. Para fora do gol.

Na hora da comemoração, onde está Dida? O herói da maior conquista da história corintiana caminha quieto, sem sorrir, sem gritar, sem extravasar. É um iceberg negro, destoando da comemoração tão latina, tão brasileira de seus companheiros. Os outros, o técnico Osvaldo de Oliveira inclusive, se abraçando, formando montanhas humanas que, muitas vezes não alcançam o tamanho de Dida.

Aonde vai Dida? Após dez passos, grandes e lentos, dá um tapa amistoso nas costas de Edmundo. Um gesto de dignidade.

"Fiquei contente em campo, mas preferi falar com o Edmundo porque ele é uma excelente pessoa. Eu era o campeão, mas sabia o que ele estava sentindo", contou Dida, que, na primeira fase do campeonato, já havia defendido um pênalti, cobrado por Anelka, do Real Madrid. "Ele chutou fraco e facilitou", disse, na ocasião.

Mas a festa pelo título continuava. Dida foi cercado por muitos companheiros, todos eles. A bagunça é enorme, mas ele não se mexe. E não sorri. Depois, disse que participou da festa no vestiário. Dá para acreditar?

Difícil. Desde 1992, quando chegou ao Vitória, da Bahia, Dida foi assim. Muito mais competente do que festeiro. Vinha do ASA de Arapiraca. Era, na época, apenas a segunda pessoa mais importante a ter nascido em Irará, na Bahia. A primeira? O compositor Tom Zé, vencedor do IV *Festival da Record*, em 1968, com "São São Paulo", hino à cidade que o acolheu e que começava falando em 8 milhões de habitantes que se odeiam com muito ódio e se amam com muito amor. Muitos anos depois, 32 para ser exato, Dida seria ídolo da maior torcida da cidade que já contava com muito mais que 8 milhões de habitantes.

Campeão de juniores e fã de Dasaiev

Ainda em 1993, Dida venceria o Mundial de Juniores, na Austrália. Foi nessa época que confessou ter no russo Rinat Dasaiev o seu primeiro ídolo. "Sou fã do estilo dele. Grito em campo, como todo mundo, mas não gosto de gente espalhafatosa no gol. Procuro me colocar bem e ficar na minha."

No Vitória, seu preparador era Eduardo Bahia, que já via uma mistura de talento e timidez. "Ele sempre foi assim. É uma coisa que vem de garoto, de família. O Dida é um jogador muito frio, e isso o ajuda dentro de campo", disse.

Em 1994, chegou ao Cruzeiro. Fez um primeiro semestre tão bom que Parreira, então técnico da seleção, teve de ser enfático ao responder aos corneteiros que o pediam no Mundial: "Não vou levar na Copa alguém com 20 anos", disse, ao optar por Gilmar Rinaldi como o terceiro goleiro, atrás de Taffarel e Zetti. Depois, Parreira abriria exceção e levaria Ronaldo, com 16 anos. Um "alguém" muito especial.

A primeira chance viria no ano seguinte. Zagallo o convocou para a Copa América do Uruguai. Taffarel estava suspenso e Dida foi titular nas duas primeiras partidas, com vitórias sobre Equador (7 de julho) e Peru (10 de julho) por 1 a 0 e 2 a 0, respectivamente. Com a volta de Taffarel, Dida passou a praticar algo que o ajudou muito na carreira. "Sempre que éramos convocados juntos, eu ficava observando a postura do Taffarel no momento das cobranças. Aprendi muita coisa", disse Dida, sete anos depois, durante a Copa de 2002.

Foi nessa época que revelou como se comportava na hora do pênalti. "Tento adivinhar o canto que o batedor vai cobrar e pulo com confiança e tranquilidade, já que a obrigação não é minha. A responsabilidade maior é de quem chuta."

Parece simples, não é?

Bronze em Atenas

Zagallo dirigia a seleção principal e também preparava a olímpica, que disputaria os jogos de Atlanta, em 1996. O treinador levou uma equipe com muitos jovens que estariam na Olimpíada para disputar a Copa Ouro, da Concacaf, no início de 1996. Os garotos derrotaram Canadá (4 a 1), Honduras (5 a 0), Estados Unidos (1 a 0) e perderam a final para o time titular do México (2 a 0).

Dida foi muito bem. Era chamado de sucessor de Taffarel. Campeão mundial de juniores, como o gaúcho, a sucessão era questão de tempo. No final do primeiro semestre, as apostas em Dida subiram muito. Ele foi fundamental na conquista da Copa do Brasil pelo Cruzeiro, em 1996. Principalmente nas partidas finais contra o Palmeiras de Wanderley Luxemburgo, um timaço que contava com Cafu, Cléber, Júnior, Djalminha, Rivaldo e Luisão, entre outros craques. No Mineirão, foi 1 a 1. No Parque Antártica, 2 a 1 para o Cruzeiro.

Foi com o status de campeão que Dida chegou à Atenas. Zagallo havia convocado um time forte, com grandes promessas, como Roberto Carlos e Luizão, e três jogadores com idade superior a 23 anos: o zagueiro Aldair, o meia Rivaldo e o atacante Bebeto.

O título parecia uma questão de tempo, ma s, logo na estreia, um grande susto. O Brasil perdeu para o Japão por 1 a 0. No lance do gol, Dida saiu muito mal, confundiu-se com Aldair e deixou no ar a dúvida sobre suas reais qualidades. Seria apenas um ótimo goleiro debaixo dos três paus? A tranquilidade na hora dos pênaltis terminaria na primeira bola cruzada na área?

O Brasil reagiu na competição. Bateu Hungria (3 a 1), Nigéria (1 a 0), Gana (4 a 2) e chegou à semifinal, novamente contra a Nigéria. O Brasil vencia por 3 a 1 até o final do jogo, quando permitiu o empate dos nigerianos, com gols de Ipkeba, aos 32 minutos e Kanu no lance final. Na morte súbita, novo gol de Kanu, logo aos quatro minutos, e as dúvidas voltaram a cair sobre Dida. E sobre Rivaldo, que perdeu uma bola dominada, permitindo um dos contra-ataques fatais para o Brasil. Na disputa pelo bronze, o Brasil goleou Portugal por 5 a 0.

Libertadores pelo Cruzeiro

Em 1997, Dida reagiu e mostrou que tinha, sim, todas as condições de chegar à Copa do Mundo. Foi exemplar e espetacular na campanha do Cruzeiro na Libertadores. Nas quartas de final, contra o El Nacional, do Equador, o Cruzeiro perdeu, em Quito, por 1 a 0 e depois venceu no Mineirão por 2 a 1. A decisão foi para os pênaltis e Kleber Chalá viu seu chute ser defendido por Dida.

Cruzeiro classificado, a semifinal foi contra o Colo Colo. Vitória por 1 a 0 no Mineirão e derrota por 3 a 2 em Santiago. Pênaltis novamente. E Dida foi fundamental ao defender as cobranças de Basay e Eapina. Na final, empate por 0 a 0 contra o Sporting Cristal, em Lima, e vitória por 1 a 0 no Mineirão. Dida e o Cruzeiro venceram a Libertadores e o goleiro teve grande parte de seu prestígio recuperado.

Voltou a disputar um jogo pela seleção principal em dezembro de 1997, contra a África do Sul. Depois foi titular na conquista do título da Copa das Confederações, quando teve uma participação muito segura e sem sustos. O Brasil venceu a Arábia Saudita (3 a 0), empatou com a Austrália (0 a 0), derrotou o México (3 a 2) e a República Checa (2 a 0), goleando os australianos por 6 a 0 na final.

Em 1998, Dida estava entre os convocados por Zagallo para a Copa do Mundo. Era o reserva de Taffarel. Após o Mundial da França, sua carreira mudou bastante. Tudo começou no início de 1999. Um dia antes do término das férias, Dida telefonou aos dirigentes do Cruzeiro. Disse que não iria se reapresentar e que, em breve haveria uma oferta de um time europeu pelo seu passe. Estava inflexível ao dizer que sua carreira no clube mineiro havia terminado.

Dida justificou, entre dúvidas pela veracidade da tal oferta, que gostaria de crescer profissionalmente, jogando na Europa, mas todos desconfiavam que estava irritado por ser um dos ídolos do time e receber um salário inferior ao de jogadores como Müller e Valdo, com menos tempo na equipe.

Para deixar claro que não cederia, Dida declarou que preferiria encerrar a carreira e se transformar em um "mártir" da Lei do Passe. Zezé Perrella, presidente do Cruzeiro, respondeu com ironia: "Só se ele for um mártir dos jogadores milionários, que têm carro importado".

Quando o Milan ofereceu 2,5 milhões de dólares pelo passe de Dida, o Cruzeiro se irritou. E fixou o seu passe em 7 milhões de dólares. A advogada de Dida, Regina Ladéia, alegando que o Cruzeiro havia adulterado uma oferta salarial feita anteriormente, pediu o passe do jogador nas justiças esportiva e trabalhista. O caso chegou à Fifa, que permitiu a Dida a transferência ao futebol europeu. Depois de cinco meses, houve um acordo. O Milan pagou 3 milhões de dólares e Dida, após 305 jogos e 300 gols sofridos, trocou Minas pela Itália.

Praticamente não jogou no time italiano. Como não tinha passaporte da Comunidade Comum Europeia, era considerado jogador estrangeiro. Cada time podia ter um número reduzido deles em campo, o que dificultava a sua escalação. Além disso, Abiatti estava jogando muito bem. A Dida restou participar de algumas partidas da pré-temporada e ser emprestado ao Lugano, da Suíça.

Foi como jogador do time suíço que foi convocado para a Copa América de 1999, no Paraguai, onde teve atuações perfeitas. Pegou pênaltis contra Chile e Argentina e acabou sendo um dos grandes destaques da competição, vencida pelo Brasil, com seis vitórias: 7 a 0 (Venezuela), 2 a 1 (México), 1 a 0 (Chile), 2 a 1 (Argentina), 2 a 0 (México) e 3 a 0 (Uruguai). Defendeu também um pênalti contra os Estados Unidos, pela Copa das Confederações, em 1999, vencida pelo México.

Dessa vez, foi mais prolixo ao analisar como pegava os pênaltis.

— Quando um juiz marca o pênalti, eu não fico reclamando porque sei que não vai voltar mesmo. Fico longe de confusão, vou para o gol e fico me concentrando em quem vai bater. Pênalti é concentração e confiança. Olho para o adversário, penso no que ele vai fazer e vou para a bola.

Continua parecendo simples, mas com Dida a receita dava mais certo do que com a maioria. Os elogios de Wanderley Luxemburgo, então técnico da seleção, foram imensos.

— O grande goleiro precisa estar pronto quando a equipe mais precisa dele, e o Dida vem correspondendo plenamente a confiança depositada nele. É um jogador com uma trajetória impressionante, vencendo nove dos dez títulos que disputou no Cruzeiro e dispensa comentários.

Após a Copa América, transferiu-se por empréstimo para o Corinthians. Em São Paulo, brilhou com a conquista do bicampeonato brasileiro e do Mundial Interclubes. Era o primeiro nome de um time sensacional, que contava ainda com Gamarra, Rincón, Ricardinho, Marcelinho e Edílson como destaques.

Estava pronto para retornar ao Milan e conquistar a Europa.

Escândalo dos passaportes

Não foi assim. Jogou pouco e viu estourar o escândalo dos passaportes. Dida havia conseguido um passaporte de nacionalidade portuguesa, que dava a ele status de jogador da Comunidade Europeia, e não mais de estrangeiro. Ao descobrir que o passaporte era falso, o Milan rapidamente o registrou como estrangeiro. O caso, no entanto, fez com que o clube italiano fosse multado em 314 mil libras esterlinas. Além de Dida, foram indiciados Warley e Alberto, ambos da Udinese e outros sul-americanos, como Recoba, do Uruguai, e o argentino Verón. Em todos os casos, os jogadores juravam inocência, mas é difícil acreditar que a culpa fosse apenas de empresários e dos clubes.

A justiça italiana não acreditou nisso. Dida foi proibido de atuar na Europa por um ano e voltou ao Corinthians. O processo se arrastaria até 3 de abril de 2003, quando foi condenado a sete meses de prisão, pena suspensa rapidamente, que só seria aplicada se ele voltasse a cometer o mesmo delito.

Além de voltar ao Brasil, Dida perdeu espaço na seleção. Leão, que havia substituído Luxemburgo, optou por Rogério Ceni. Seis meses depois, em julho de 2001, quando Leão caiu, Luiz Felipe Scolari, o novo técnico, fez de Marcos o seu homem de confiança. Dida, mesmo voltando a jogar bem e sendo importante nas conquistas do Rio-São Paulo e da Copa do Brasil (em ambas as competições, o Corinthians eliminou o São Paulo), não conseguiu cumprir o que parecia ser o seu destino, desde o título mundial de juniores de 1993: ser o substituto de Taffarel na seleção. O posto ficou com Marcos.

A retomada de Dida seria em grande estilo. No segundo semestre de 2002, após a Copa, estava novamente no Milan. Quatro anos depois, era titular. E pronto para brilhar. O ano de 2003 foi o mais espetacular de sua vida. A fase era tão impressionante que os jornais italianos faziam matérias sobre aquele goleiro calado, tímido, mas intransponível. Para eles, Dida era o goleiro que odiava tomar gols e por isso, fazia de tudo para não sofrê-los, praticando defesas espetaculares.

O goleiro começou a virar lenda no dia 28 de maio, em 2003, no estádio Old Trafford, casa do Manchester United. Nesse dia, Milan e Juventus decidiriam o título mais importante entre clubes da Europa.

Jogo duro e tenso e 0 a 0 após 120 minutos. Decisão por pênaltis e vitória milanista por 3 a 2, com o brasileiro sagrando-se o herói da noite, ao pegar as cobranças de Trezeguet, Zalayeta e Montero.

Gianluigi Buffon, goleiro da Juventus e da seleção italiana, o derrotado daquele dia, e que seria campeão mundial em 2006, na Alemanha, não economizou elogios a Dida:

– Poucos goleiros podem ser tão frios e espetaculares em momentos críticos como o Dida. É simplesmente impossível vencê-lo em momentos assim. É realmente um goleiro especial, um dos maiores que vi.

Os jornais italianos não cansaram de elogiá-lo. O jornal *Gazzetta dello Sport* disse que ele teve o poder de hipnotizar os cobradores da

Juventus. Recebeu nota 7, inferior apenas ao ucraniano Shevchenko, que levou 7,5.

O *Corriere della Sera* o chamou de "São Dida", pelas defesas que garantiram o sexto título da Europa para o Milan.

Um santo que provou ser forte em milagres. Ajudou o time a conquistar mais um Campeonato Italiano em 2003-04, sofrendo apenas 20 gols em 32 partidas. Foi eleito o goleiro do ano.

Dida ainda mostrou ótima forma em 2004 e 2005 e foi escolhido pelo técnico Carlos Alberto Parreira como o titular do Brasil na Copa de 2006. Doze anos depois, o mesmo técnico que não deu chance ao garoto que estava começando, confirmava agora o veterano como titular em um Mundial.

Redimindo Barbosa

Um grande tabu estava sendo quebrado com a confirmação de Dida como titular. Desde 1950, o Brasil não tinha um goleiro negro em Copas do Mundo. Em todo esse período, apenas Jairo jogou algumas partidas como titular em 1976. Mesmo em 2006, ainda havia quem dissesse que goleiro negro não servia à seleção. Tremeriam e errariam como Barbosa, em 1950. Um preconceito que se arrastava há quase 60 anos, propagado por pessoas que nem viram Barbosa jogar.

– Ele foi sacrificado, foi uma coisa horrível. Foi um grande goleiro e, pela sua memória, deveria ser lembrado pelos grandes momentos que teve na seleção e não por aquela final de 1950 – disse Dida, após a Copa da Alemanha.

Dida jogou e bem. Levou muita segurança ao time, que estreou com uma vitória por 1 a 0 sobre a Croácia. Em seguida, o Brasil venceu a Austrália por 2 a 0, o Japão por 4 a 1 (Dida saiu aos 37 minutos do segundo tempo para a entrada de Rogério Ceni), e Gana por 3 a 0. Contra o Japão, Cafu não jogou e Dida foi o capitão. O último goleiro a ter esse privilégio havia sido Leão, em 1978. Quatro jogos e apenas um gol sofrido. O time havia superado problemas iniciais (o peso de

Ronaldo, por exemplo) e se arrumado na competição. Não empolgava, mas mostrava qualidades para disputar o título.

Então, veio a França. O time jogou mal, não ameaçou e perdeu por 1 a 0. Gol de Henry, que, aos 12 minutos do segundo tempo, se viu frente a frente com Dida. Um erro de marcação da defesa (Roberto Carlos, que havia se abaixado para arrumar o meião, ficou com a culpa), que não permitiu nenhuma ação do goleiro.

Despedida da seleção

Um gol, apenas um gol, foi o suficiente para a eliminação do Brasil. Foi o último jogo de Dida com a camisa da seleção brasileira. Em outubro de 2006, telefonou para Dunga, o novo técnico, e comunicou que não aceitaria mais convocações. Lacônico, como sempre, não explicou os motivos da decisão. Estava aberto o caminho para Júlio César começar a tomar conta do gol.

Os números de Dida na seleção são expressivos. Foram 92 partidas, superado apenas por Leão (107), Taffarel (101) e Gilmar (94 jogos). Sofreu apenas 67 gols. Foram 57 vitórias, 23 empates e 12 derrotas. Pela seleção olímpica, foram 19 jogos, recorde da posição, e 17 gols sofridos, com 14 vitórias, três empates e duas derrotas.

Fora da seleção, continuou no Milan. Os reflexos, contudo, começaram a traí-lo e Dida já não mostrava a mesma segurança de antes. Os momentos de glória eram intercalados com alguns vexames. Não estava repetindo as atuações de 2005, quando foi eleito, pela FIFPro (Federação Internacional de Jogadores Profissionais de Futebol) o melhor goleiro do ano.

Neste mesmo ano, em 23 de maio, havia sido titular na final da Liga dos Campeões, quando o Milan derrotou o Liverpool por 2 a 1, vingando-se da final de 2005, quando estava ganhando por 3 a 0, permitiu o empate e foi eliminado nos pênaltis.

Em outubro, Dida envolveu-se em uma confusão durante um jogo contra o time escocês Celtic. Logo após o adversário marcar o segun-

Dida, em 1999, quando trocou o Cruzeiro pelo Milan e, diante da grande concorrência, passou a atuar pelo Lugano, da Suíça.

do gol que deu a vitória por 2 a 1, um torcedor invadiu o campo e tocou levemente no goleiro brasileiro, que desabou em campo e simulou uma contusão, tendo que sair de maca.

As câmeras de televisão mostraram, repetidas vezes, que Dida era muito melhor goleiro do que ator. O brasileiro foi duramente criticado pelos jornais italianos:

"Dida, protagonista negativo", dizia o *Gazzetta dello Sport*; "Farsa Dida" (*La Repubblica*); "Encenação de Dida" (*Il Messaggero*).

Os que o elogiaram quando pegou três pênaltis contra a Juventus, agora o apedrejavam pela ridícula farsa contra o Celtic. O goleiro foi punido pela encenação pegando dois jogos de suspensão, tendo a pena diminuída depois para apenas um.

Bicampeão mundial

No final de 2007, Dida, que já era campeão da Copa do Brasil, campeão brasileiro, campeão sul-americano e campeão da Europa, se superou novamente. Ao vencer o Boca Juniors na final do Mundial Interclubes, por 4 a 2, Dida se tornou o primeiro bicampeão mundial interclubes, já que havia vencido o mesmo torneio, em 2000, pelo Corinthians.

O jogo foi muito comemorado pelos torcedores do Milan, que não se conformavam com a derrota de 2003, para o mesmo Boca, quando o time argentino venceu nos pênaltis por 3 a 1, após empate de 1 a 1 no tempo normal e na prorrogação.

Mesmo após tantos títulos, Dida teve problemas para a renovação de seu contrato com o time. O Milan não aceitava pagar o que ele pedia e o goleiro esteve na mira de várias equipes do planeta, especialmente do Newcastle (Inglaterra) e até mesmo do Corinthians. Além disso, sofreu com contusões, mas recuperou-se e voltou a brigar pela camisa 1 do clube italiano. Foi titular em 2008 e 2009 e, no início do novo ano, passou a ter seu nome especulado como futuro goleiro do Cruzeiro ou do Corinthians.

Completaria assim, sua volta ao Brasil. E seria interessante ver como enfrentaria as cobranças de pênalti com paradinha, que tem se tornado uma especialidade de brasileiros. Alguém vai ter sangue-frio para desafiar Dida, o homem que não sorri, em uma jogada desse tipo?

Nélson de Jesus Silva (DIDA)
7/10/1973

TÍTULOS		
	Vitória	Campeonato Baiano 1992
	Cruzeiro	Campeonato Mineiro 1994, 1996, 1997, 1998
		Copa Ouro 1995
		Copa do Brasil 1996
		Libertadores da América 1997
	Corinthians	Torneio Rio-São Paulo 2002
		Copa do Brasil 2002
		Campeonato Brasileiro 1999
		Mundial Interclubes 2000
	Milan	Campeonato Italiano 2003
		Liga dos Campeões 2003, 2007
		Supercopa da Europa 2003, 2007
	Seleção brasileira	Copa das Confederações 1997, 2005
		Copa América 1999
		Copa do Mundo 2002

ENTREVISTA
RINCÓN

"Todo mundo ficava muito incomodado na hora de bater um pênalti no Dida."

O volante Freddy Eusébio Gustavo Rincón Valencia foi o capitão do Corinthians no maior momento da história do clube: o título Mundial Interclubes, conquistado nos pênaltis, em cima do Vasco, no Maracanã, em 2000. Para ele, a conquista do título só foi possível graças a presença de um baiano alto, frio e especialista em defender pênaltis: Dida.

Com ele na meta, a vida dos companheiros era tremendamente facilitada. Todos ficavam atentos à cobrança do adversário, pois sabiam que, com Dida, havia uma possibilidade de defesa maior do que o comum nesse tipo de lance. Segundo Rincón, Dida era um "pesadelo" para o adversário na hora das cobranças de pênalti. Não é à toa que Dida conseguiu um título mundial para o Corinthians dessa maneira e uma Liga dos Campeões para o Milan, em 2003, contra a Juventus.

E Rincón se lembra até hoje das duas cobranças que ele pegou de Raí na semifinal do Campeonato Brasileiro de 1999. Por tudo isso, tê-lo atrás era uma segurança. E, mesmo concordando que o amigo não tinha a mesma eficiência na bola alta, Rincón o considera o melhor de todos.

Qual a sua relação com o Dida?
É uma das pessoas mais íntegras que conheci no mundo do futebol. E olha que eu tenho uma carreira muito grande, passando por vários países. Nós somos amigos. Quando a gente estava junto, no Corinthians, saíamos juntos, as famílias se encontravam em reuniões. Quando tive problemas com a justiça [Rincón foi

acusado de lavagem de dinheiro e de tráfico de drogas, ficando 123 dias preso em São Paulo], tenho certeza de que ele se preocupou comigo, apesar de não haver ligado. Ele sempre me procura, vive perguntando pelos amigos. É um cara sensacional.

Foi fácil ter amizade com uma pessoa tão calada como ele?
Olha, aí tem uma certa confusão. O Dida fora de campo é muito diferente do Dida dentro de campo. Quando está jogando, ele é um gelo, um iceberg, mas quando está fora de jogo, é uma pessoa bacana, é brincalhão e extrovertido. Não é do tipo que joga ovo em companheiro que faz aniversário, mas é brincalhão. Sabe fazer piadas e aceita brincadeiras. Tirava sarro de um, fazia piada com outro. Ele era surpreendente. Lógico que ele não é como o Vampeta e o Edílson, que também faziam parte daquele time do Corinthians em 1999 e 2000. Mas não é calado, não. Só se transformava quando entrava em campo. Aí, fechava a cara, parava de sorrir e ia em frente. A vida dos outros ia se complicar, a gente sabia.

O que mais impressiona no estilo de jogo dele?
O que realmente impressiona no Dida não é uma questão de estilo de jogo. É a postura dele em campo. A frieza. Quanto mais difícil o jogo, mais frio ele fica. É difícil um jogador latino ter aquela postura do Dida em campo. Ele sempre dava a impressão de que tinha o jogo nas mãos, que sabia o que ia acontecer. Passava total tranquilidade para os companheiros. É impossível um goleiro não falhar. O Dida também falhava, mas quando isso acontecia, a gente sabia que ele não ia se abalar e que nosso time continuava contando com um grande goleiro.

E tecnicamente?
Bem, debaixo da trave, ele é indiscutível. Talvez apenas o Taffarel possa se comparar a ele. O Dida é muito grande e, junto com a impulsão que tinha, tomava conta do gol. Dizem que ele não era tão bom nas saídas de gol. Até concordo, mas isso não significa que ele era ruim. Tinha um bom aproveitamento nesse quesito também.

Como era a liderança dele?
Não vinha de palavras. Não era de ficar falando muito para aparecer e dar uma de quem é dono do time. Nada disso. Tinha uma liderança que vinha do comportamento dele. Os companheiros sabiam que ele era um goleiro sério e de muita qualidade técnica. Não precisava mais do que isso para liderar uma defesa. Nas cobranças de escanteio, gritava bastante e tinha sempre uma saída firme na direção da bola. Errar, todo mundo erra, mas o Dida crescia na hora do erro. Nos momentos difíceis, chamava a responsabilidade, não se escondia.

Em 1997, o Dida trocou o Cruzeiro pelo Milan. Mas jogou pouco. Dizem que isso atrapalhou na sua briga para ser titular na Copa, em lugar de Taffarel.
Os jogadores mais altos e mais fortes, como o Dida e eu, perdem o ritmo de jogo de forma mais rápida quando estão sem jogar. Além dessa questão física, tem o lado emocional. Todo jogador, seja alto ou baixo, quer jogar e se destacar. Quando fica de fora, perde um pouco o ânimo. Essas duas coisas juntas podem ter atrapalhado o Dida sem dúvida. Futebol para ser titular ele tinha, com certeza.

Como era enfrentar o Dida na hora de uma cobrança de pênalti?
Olha, dava para perceber nos adversários que eles ficavam incomodados de cobrar pênalti contra o Dida. Eles sabiam que estavam com uma batata quente nas mãos. Todo mundo sabe que um atacante tem 80, 90% de chances de fazer um gol de pênalti. Com Dida, não. A gente se posicionava bem na hora da cobrança porque sabia que ele podia rebater, podia salvar o time. O engraçado é que muitas vezes ele nem dava rebote. Pegava e não soltava.

Então, tinham muita confiança.
Total, porque ele passava isso. A gente via que ele não estava nervoso, não estava tremendo, não estava com adrenalina alta. Estava lá, tranquilão para resolver a situação. E resolvia mesmo.

Como você bateria um pênalti nele?
Nunca bati, mas se tivesse a chance, procuraria não olhar para ele. Não analisaria o gol, não veria nada. Faria o tipo de cobrança que eu sempre gostei, que é forte e à meia altura no canto esquerdo do goleiro. Se ficasse analisando como ele diminuía o gol, era capaz de eu errar.

Você enfrentou o Dida?
Sim, quando ele estava no Cruzeiro. Sabia que ele era muito bom, que era um jogador especial, mas procurava não pensar nisso. Tratava como se fosse um goleiro normal. E fazia meu jogo. Sempre fui de avançar com a bola e arriscar chutes de fora da área. Com ele, foi assim também. Fiz gol nele, mas ele não falhou no lance.

Aqueles dois pênaltis que ele defendeu do Raí ficaram marcados. Como você viu o lance?
Olha, o Raí é um grande jogador. Um cara que marcou história no São Paulo. Uma pessoa muito fria e um grande campeão. Mas ele não foi diferente dos outros que enfrentaram o Dida. Ele foi apreensivo para a bola. Não foi por isso, mas o Dida defendeu. No segundo pênalti, ele trocou o lado e o Dida pegou de novo. Aí, ele correu para pegar o rebote e se chocou com o Dida. Não foi maldade, não. O Raí não é disso, ele só tentou recuperar o erro dele, nem sei se é erro mesmo, foi mais acerto do Dida. Depois da primeira defesa, dava para perceber que o rendimento do São Paulo diminuiu.

E como foi a participação dele no Mundial de Clubes contra o Real Madrid?
Foi 100%. Imagine que a gente estava jogando com o Real Madrid na semifinal e o jogo estava 2 a 2. Pelo saldo de gols, a gente ia se classificar para a final. No outro lado, tinha o Vasco e o Necaxa, que surpreendeu o Manchester United. Aí, teve um pênalti contra nós. O [centroavante francês] Anelka, que estava com muito nome na época, foi cobrar. O Dida pegou e a gente garantiu o resultado. Teve

Rincón, companheiro de Dida em grandes títulos pelo Corinthians, jura que o amigo, ao contrário do que todos pensam, é um homem alegre e nada tímido.

até chance de vencer, mas fomos para a final com o empate. Na final, na disputa por pênaltis, ele pegou mais um. Não precisa mais nada para dizer como ele foi importante.

O Dida merece estar entre os 11 da história do Brasil?
Eu conheci uma geração de grandes goleiros do Brasil. Não posso falar sobre os mais antigos, mas dos que eu conheci, ele foi um dos melhores. Quem pode ser melhor do que ele? Ninguém. Marcos, Rogério Ceni e Taffarel também são bons, podem se igualar a ele, mas ninguém foi melhor não. E o Dida brilhou na Europa. Isso é muito importante para o futebol brasileiro.

Depois de Barbosa, Dida foi o primeiro goleiro negro a brilhar.
Ele acabou com esse preconceito que existe no Brasil. Não sei a história correta do Barbosa, mas parece que a emoção tomou conta do Brasil, acabando com a razão de um país todo. Se ele errou, não foi por querer. Parece que foi um grande goleiro. Só o Dida mesmo para acabar com essa história.

CAPÍTULO 11

JÚLIO CÉSAR

O mais europeu
dos goleiros brasileiros,
precisou encantar a Itália
antes de se tornar
quase unanimidade em
seu próprio país.

Em 4 de junho de 2009, às vésperas do jogo contra o Uruguai no mítico estádio Centenário, de Montevidéu, os jogadores brasileiros falavam pela última vez com os jornalistas. Estavam lá Luís Fabiano, que lutava pela artilharia, Robinho, Kaká, eleito o melhor do mundo pela Fifa em 2007. Mas o mais procurado – principalmente pelos uruguaios – era o goleiro Júlio César.

Uma atenção merecida por suas atuações naquelas Eliminatórias e também uma reação fruto da globalização. Os uruguaios que haviam sofrido com ele no primeiro turno, quando fizeram o primeiro gol e levaram a virada, depois de muitas defesas salvadoras de Júlio César, podem, como grande parte do mundo, ver pela televisão, a cada domingo, a história de Júlio César ser construída e solidificada na Itália, como garantia de uma Internazionale tetracampeã.

A pergunta mais repetida entre os jornalistas era se Júlio César se considerava o melhor goleiro do mundo. Até então, o mínimo que se dizia sobre ele é que estava em uma fase sensacional. Os mais entusiasmados repetiam, sim, que ali estava o melhor goleiro do mundo, como um dia foram o russo Lev Yashin e o inglês Gordon Banks. E havia uma terceira corrente que acreditava não haver realmente um goleiro "melhor do mundo". O que se poderia ter é uma reunião de quatro ou cinco goleiros – o holandês Van der Saar, o tcheco Cech, o espanhol Casillas, o italiano Buffon e ele, Júlio César, em melhor momento do que todos.

Taffarel, o ídolo de Júlio César, está entre os que o colocam como o melhor de todos.

– Um goleiro que faz grandes atuações pelo clube e repete esse nível, na seleção, tem que ser considerado o melhor do mundo. Ele melhorou muito a concentração durante os jogos e está mais completo do que eu."

José Mourinho, seu técnico na Inter de Milão desde 2008, também só tem elogios ao goleiro do Brasil.

– Boa parte dos jogadores brasileiros sofre com cobranças exageradas, e muitos se perdem por causa do dinheiro e da vida noturna. Com Júlio isso não acontece. É um profissional perfeito, sempre treina com grande afinco e merece todas as honras e prêmios que têm recebido. É um goleiro extraordinário e consegue transformar o difícil em simples.

Europeu

Chegou então a vez de uma pergunta anunciada. Uma dessas que sempre se faz a jogadores brasileiros que brilham no exterior. "Quando você terminar a carreira, vai voltar ao Brasil e encerrar a carreira no Flamengo, junto da torcida que tanto te admira?"

O "não" veio rápido e de forma enfática, sem permitir contestações. "Não penso não. Estou muito bem na Europa e pretendo continuar por lá", afirmou.

A surpresa pela resposta não foi tão grande para quem acompanha a carreira de Júlio César. Ele já havia falado outras vezes sobre a maravilha que é a vida na Europa. Casado com a atriz e apresentadora Susana Werner, vive em Milão com ela e com os filhos Cauet, e Giulia. Como mora perto do estádio Giuseppe Meazza, pode ir a pé para casa após os jogos.

Nunca é incomodado, a não ser para pedidos de autógrafos. E qual torcedor da Inter faria algo contra o goleiro que ama? Ele é chamado de Verdadeiro Imperador, em referência a Adriano, que em 2009 preferiu trocar a Itália pelo Brasil.

– A vida aqui é muito sossegada e nós temos um padrão fantástico. O que posso proporcionar à minha família é sensacional. Meu filho Cauet já é fluente em três línguas e realmente não sei se retornarei quando acabar meu contrato com a Inter. Quando vim para cá, comecei a cultivar vários hábitos, culturais e até alimentares. Você tem uma vida bem mais sossegada e com isso consegue aumentar a vida útil como esportista – diz Júlio César.

O goleiro também aponta a diferença no tratamento ao profissional:

– Na Itália, o jogador é muito mais respeitado. Aqui também temos problemas, mas no Brasil chega-se ao extremo, de agressão, como aconteceu comigo no Flamengo [a briga envolvendo torcedores, o goleiro e o atacante Zinho, em 2006]. Naquela época, pouco antes de vir para cá, a situação havia extrapolado.

Milionário

Respeitado, ídolo, de bem com a vida e, o que para muitos pode ser considerado o principal, ganhando muito bem. Júlio César, diz a imprensa italiana, é o goleiro mais bem pago na Europa. Em entrevista à revista ESPN, ele deixou claro que é regiamente recompensado por suas atuações.

– Estou feliz com a renovação do contrato. Acho que foi um reconhecimento da Inter por aquilo que venho fazendo nestes últimos cinco anos. A gente chegou num patamar em que realmente o meu contrato teria que ser mexido devido aos outros companheiros. Mas acho que é normal. Quando você acha que merece, vai e pede. Não custa nada. Se eles vão dar ou não, é um problema deles. Eu tinha contrato até 2012, a Inter não tinha obrigação nenhuma de renovar agora. Fiz uma proposta para eles, a gente negociou, tivemos seis ou sete reuniões e, graças a Deus, aumentamos mais dois anos de contrato e com salário muito bom – disse, com um riso fácil, que permite imaginar cifras realmente compensadoras.

Se de fato confirmar suas previsões e continuar na Europa, o Júlio César cidadão estará apenas repetindo o ciclo de amadurecimento e crescimento que teve o goleiro Júlio César. Ao contrário de Taffarel e Dida, que chegaram à Europa depois de haverem atingido o ápice no Brasil, o goleiro da Inter teve de suar muito no chamado Velho Continente. Foi lá, treinando, observando e jogando que acrescentou diversidade de predicados e melhorou a sua técnica.

"Cresci muito na Europa. Hoje, não tenho receio de dar um chutão, tenho um posicionamento melhor e reflexos mais rápidos", explica.

Para o jornalista italiano Enrico Curró, do jornal *La Repubblica*, Júlio César não tem comparação com outros brasileiros. "Tecnicamente, ele é o melhor brasileiro que atuou na Itália. Antes era o Taffarel, que continua sendo mais personagem que o Júlio César."

Mais personagem? Talvez por Júlio César ser menos falante, menos engraçado, menos latino. Por ser quase um europeu, como o próprio Curró, não rende matérias, digamos, exóticas. Com ele, o assunto é praticamente só futebol.

E aí, para Curró, ele é imbatível.

– Transmite muita confiança para a defesa, é excelente debaixo das traves porque tem muito reflexo e também tem uma saída de gol de alto nível. Além disso, tem boa reposição com as mãos e sabe jogar com os pés – disse.

Essa característica não foi adquirida na Europa. Júlio César sempre soube se virar quando não era possível atuar com as mãos. Bem, quase sempre. Houve um jogo contra o Atlético Paranaense em que tentou driblar Washington. O atacante roubou a bola e fez o gol no arqueiro do Flamengo. Em 2003, foi protagonista de um lance curioso com os pés, em um Fla-Flu. O time perdia por 4 a 0 e ele, desesperado, saiu da área, driblando os adversários, se mandou para o meio de campo, e só foi parado por um zagueiro, na ponta-esquerda.

– Aquilo foi uma tremenda imaturidade e jamais faria isso de novo, porque você acaba jogando a torcida contra seu próprio time, já que eles poderiam questionar porque os demais jogadores não tiveram minha atitude e gerar uma situação de grande tensão, ainda mais após ser goleado em um clássico. Eu pedi desculpas aos companheiros depois, porque alguns ficaram chateados comigo – recorda.

Na Inter, nunca repetiria jogadas impensadas como essas. É mais comedido, mais profissional. Também é quase impossível imaginar que o azar daquele 7 de abril de 2003, na Fonte Nova, em Salvador, pudesse se repetir. O Flamengo estava vencendo o Bahia por 1 a 0 e Júlio César foi fazer a reposição de bola. Chutou, ela bateu na nuca do volante Fabinho, seu companheiro de time, e entrou em seu gol.

Mesmo com essas falhas, Júlio César continua sendo um goleiro em quem o zagueiro pode confiar na hora do sufoco. Pode passar a bola que ele, com os pés, não fará feio. Nos rachões da seleção brasileira, gosta de atuar como centroavante. Não destoa, mesmo ao lado de alguns dos melhores jogadores do mundo.

Centroavante

E ser centroavante era o seu sonho primeiro, nos tempos de criança. Queria jogar como o irmão Janderson, sete anos mais velho e de pouco sucesso profissional. Com o nome de Espíndola, o irmão atuou no Flamengo, Vasco, Avaí, Bangu e Anapolina. Quando, aos 8 anos, Júlio César começou a treinar no futsal do Grajaú Country Clube não era no gol que fazia sucesso. Ao contrário. Como ala pela esquerda, complicou a vida de muito companheiro que pegava no gol.

Até que um dia, a história recorrente aconteceu também com ele. Em uma ocasião, faltou um goleiro, ele foi quebrar o galho, mostrou qualidades, o técnico pediu que ele continuasse na posição, ele aceitou só por uns dias, para colaborar, e não saiu mais.

Ou melhor, saiu em 1992, aos 13 anos, quando recebeu um convite de Isaías Tinoco, dirigente do Flamengo. Queria para os juniores do Flamengo o goleirinho e também o zagueiro clássico – Juan, amigo de infância de Júlio César e um de seus companheiros de seleção brasileira.

"Goleirinho" não é força de expressão. Júlio realmente não impressionava pela altura. O campeão estadual sub-13 media apenas 1,60m e pesava 43 quilos. Nada muito diferente dos meninos de sua idade. Júlio achava o gol de futebol de campo – que hoje domina com facilidade – muito grande. Chegava a chorar antes dos treinos. Chorava, mas ia. O pai, Jenis Honorato é rubro-negro doente, como toda a família, e não perderia a chance de ver seu filho brilhar no time de coração.

Não demorou muito. Foram cinco anos de treinos duros até 13 de maio de 1997, quando jogou pela primeira vez uma partida oficial pelo Flamengo. O jogo, contra o Palmeiras, no Parque Antártica, era válido pela semifinal da Copa do Brasil. Clemer, o titular, estava machucado. Zé Carlos, que foi um dos reservas de Taffarel na Copa de 1990 começou a partida, saiu contundido e Júlio César teve sua chance no segundo tempo.

No dia 17 daquele mesmo mês, jogou desde o começo. Era um Fla-Flu. "Tinha 17 anos e fiquei o tempo todo esperando a torcida gritar o meu nome. E ouvi, quando defendi um pênalti. Perdemos por 2 a 0, mas eu fui bem", recorda.

Outras partidas vieram, mas sempre de maneira esporádica. Sempre dependia das ausências conjuntas de Clemer e Zé Carlos.

Em 2000, foi titular em dois jogos na conquista do título carioca. Mas o prazer de entrar em campo com o time principal, ouvindo a festa da massa no Maracanã, ele só conseguiu em 2001, quando se destacou na campanha do tricampeonato. Sua escalação foi uma decisão de Zagallo, que fez o que a torcida pedia há tempos.

No primeiro jogo da final, o Vasco de Juninho Paulista, Euller e Viola venceu por 2 a 1. Como tinha a melhor campanha, poderia perder por um gol de diferença que seria campeão. Logo no começo do jogo, Júlio César fez uma defesa muito difícil, um chute cara a cara, de Viola. O Flamengo fez 1 a 0, com Edílson cobrando pênalti e o Vasco empatou no final do primeiro tempo, com Juninho Paulista cobrando falta. Na segunda etapa, Júlio César foi decisivo novamente, ao defender um chute de Juninho Paulista. O Flamengo fez o segundo, com Edílson, de cabeça. E o Vasco se fechou, para manter o resultado que garantiria o título. A churrascaria para a festa já estava reservada, era a promessa de Eurico Miranda, presidente do clube. Aí, no final do jogo, aos 43 minutos, Petkovic cobrou uma falta de longe, com perfeição, e deu o tricampeonato ao Flamengo. No vestiário, Júlio César era um dos mais alegres.

"Eu queria convidar o Eurico Miranda para comemorar com a gente na churrascaria de Copacabana que ele reservou" disse, irônico.

O goleiro guarda grandes lembranças daquela conquista.

– É totalmente diferente o título dentro de campo do que vendo da arquibancada. No terceiro gol, na cobrança de Petkovic, eu tinha pouca visão, porque a distância entre uma baliza e a outra é enorme. Eu só vi a bola fazendo a curva e pensei que iria sair, mas aí percebi a massa pulando, histérica. Na hora, nem consegui comemorar, só agradecer a Deus. Eu estava completamente tenso. Tínhamos que vencer por dois gols de diferença e estávamos conseguindo [3 a 1]. Só faltava tocar a bola e esperar o tempo passar. Só comemorei quando o juiz apitou. Aí eu nem me reconhecia mais, e toda aquela tensão que eu carregava foi liberada.

Ainda em 2001, o Flamengo venceu a Copa dos Campeões, com 4 a 3 sobre o São Paulo, onde um jovem Kaká começava a despontar no tricolor, e garantiu presença na Libertadores do ano seguinte. Na competição internacional o time foi mal. Com uma vitória, um empate e quatro derrotas, foi o último em um grupo que reunia Once Caldas, da Colômbia, Universidad Católica, do Chile, e Olímpia, do Paraguai.

Contestações

Os resultados não apareciam e Júlio César, que começava a ser ídolo no Flamengo, passou a conviver com algumas contestações. Perigosas contestações. O campo de treinamentos foi invadido por torcedores que protestavam contra a campanha ruim do time. Em 2003, as coisas pouco mudaram e no ano seguinte, tudo ficou pior. A equipe da Gávea, uma vez mais, brigava para não cair. E, em um jogo pelo Campeonato Brasileiro no Parque Antártica, contra o Palmeiras, o goleiro sofreu o maior frango de sua vida. O chute do volante Magrão foi fraco e de longe. Júlio César se preparou para a devolução. Abaixou-se para pegar a bola e, quando percebeu, ela já havia passado por entre as suas pernas. O Flamengo, que vencia, viu o jogo ficar empatado em 1 a 1. No final, veio a vitória redentora. E Júlio César, como prova de amizade, foi carregado em triunfo pelos companheiros.

O pior foi em 15 de novembro de 2004. No dia anterior, o Flamengo havia sido derrotado pelo Atlético Mineiro por 6 a 1. Na Gávea, os torcedores foram, uma vez mais, tirar satisfação com os jogadores. E a confusão começou quando o carro de Zinho foi chutado. O pai do atacante reagiu e foi agredido pelos torcedores. Chegou a levar alguns pontos. Zinho e Júlio César foram encarar os torcedores e o goleiro levou um murro na nuca. Ele revidou e jogou o agressor no chão. Depois, saiu berrando, dizendo que estava há muito tempo no Flamengo e que não merecia aquilo.

Estava na hora de sair. Mas antes, Júlio César daria uma nova alegria ao Flamengo. Ou seria alívio? Em 19 de dezembro de 2004, o time venceu o Cruzeiro por 6 a 2, escapando do rebaixamento pelo Campeonato Brasileiro. Terminava o ano. Foi a última das 285 partidas que fez pelo clube do coração.

A próxima parada seria Verona, terra de Romeu e Julieta. Contratado pela Inter, Júlio César foi emprestado ao pequeno Chievo. A contratação foi, sem dúvida, baseada na forma como aproveitou a primeira chance que teve na seleção brasileira.

Campeão da América

Em julho de 2004, o Brasil disputou a Copa América no Peru com um time alternativo. Júlio César e Adriano, companheiros de Flamengo, estavam nele. Após vitórias sobre o Chile (1 a 0), Costa Rica (4 a 1), derrota para o Paraguai (2 a 1), vitória sobre o México (4 a 0) e empate com o Uruguai (1 a 1), o Brasil estava pronto para enfrentar a Argentina na final.

Nossos eternos rivais acreditavam que eram favoritos. Killy González fez o primeiro gol aos 20 minutos, de pênalti. O zagueiro Luisão empatou no último minuto do primeiro tempo. O jogo esteve muito igual no segundo tempo até que Delgado, aos 43 minutos colocou a Argentina em vantagem. Na frente, passaram a segurar a bola. Carlitos Tévez era o único atacante. E, já nos acréscimos, ficou brincando com a bola, perto da bandeira de escanteio. Perdeu a bola, que foi chutada para a área de Abbondanzieri. Adriano, com toda a força que tem, dominou e empatou, com um chute forte, aos 48 minutos.

Na decisão por pênaltis, Júlio César brilhou. Defendeu o chute de D'Alessandro e viu a cobrança de Heinze ir para fora. O Brasil acertou suas quatro primeiras cobranças, e nem precisou da última para ser campeão.

Foi com o primeiro título conquistado com a seleção que Júlio César chegou a Chievo. Título bom para o currículo, mas insuficiente para que tivesse uma chance. O titular era Marchegiani, ídolo na cidade, e que tinha como grande mérito haver sido o reserva de Pagliuca na Copa de 1994.

Júlio vivia em um apartamento pequeno com Susana, que estava grávida do primeiro filho. Fazia muito frio. E ele dedicou todo o tempo à família e aos treinos. Trabalhou muito, mas não jogava. Até que Luciano Castellini, preparador de goleiros da Inter, foi a Chievo observar o jogador brasileiro. Gostou do que viu e o recomendou ao técnico Roberto Mancini. Incorporado ao grupo, não demorou para que se transformasse em titular. Ele, que no Chievo não conseguia superar o segundo goleiro italiano da Copa de 1994, agora barrava Francesco Toldo, o reserva de Buffon na seleção italiana e titular da Inter desde 2001. Toldo não gostou. Reclamou publicamente, não foi ouvido e logo se conformou. Júlio estava realmente jogando muito.

Mesmo no Brasil, a efetivação de Júlio César causou dúvidas. A imagem que persistia era a do goleiro talentoso, mas sem muito sucesso, a não ser em campeonatos de menor expressão. Em São Paulo estavam as maiores resistências. Se pelo menos o interesse demonstrado pelo Corinthians em 2002 houvesse resultado em uma transferência, as coisas poderiam ter sido diferentes. Como fez carreira no Rio, era pouco conhecido em São Paulo. Em 2007, pela terceira rodada das Eliminatórias de 2010, muita gente, principalmente os são-paulinos apostavam em Rogério Ceni. Tiveram de se render a Júlio César, que fez uma partida excepcional.

A cristalização de Júlio César como titular da seleção começou em 2006, quando Parreira o levou para a Copa do Mundo. Não jogou, mas aproveitou bem o tempo.

– A atmosfera de uma Copa do Mundo é uma coisa bem legal. Em 2006, tive a oportunidade de amadurecer muito e, como jogador, vivenciar aquele ambiente sério, de competição entre seleções. Eu tinha 26 anos e as pessoas falam que quando um terceiro goleiro é jovem, serve para prepará-lo para a Copa seguinte. Então, eu aproveitei muito aquela oportunidade e os treinamentos. Independentemente de ser o terceiro goleiro ou não, eu me preparava como se fosse jogar. Infelizmente, não ganhamos, mas espero em 2010 fazer parte do grupo que vai à África do Sul e conseguir o hexa – afirma.

Modéstia de Júlio César. Ele sabe e todos sabem que ele vai ao Mundial como uma das atrações do Brasil. E ele sabe o que tem de fazer para que isso se concretize.

– Atingi um nível alto com muito trabalho e sei que agora não posso relaxar. Se eu falhar vão dizer que eu costumava defender aquele tipo de bola e que eu falhei, por isso não posso jamais me descuidar. A pressão sempre aumenta para nós, goleiros, mas é por isso que treino sempre com a mesma seriedade e mostro que o respeito e o sucesso que consegui até hoje foram conquistados com muito trabalho em todos esses anos – analisa.

Para ele, não é uma heresia a possibilidade de alguém pago para impedir gols e não para fazê-los receber prêmios de melhor jogador do mundo.

– O melhor jogador do mundo pode ser um goleiro. Recentemente, o Canavarro [zagueiro e capitão da seleção italiana campeã do mundo em 2006, eleito pela Fifa, ainda em 2006, o melhor jogador do mundo] ganhou por aquilo que fez na Copa do Mundo. O Buffon esteve tão perto de ganhar a Bola de Ouro e o Yashin ganhou a Bola de Ouro nos anos 1960. Em ano de Copa, o goleiro tem grandes chances porque o mundo fica voltado para aquele evento. Se um goleiro consegue se destacar nessa competição, tem grandes chances, sim, de ser considerado o melhor, de ganhar a Bola de Ouro. Mas é uma coisa que eu não corro atrás, não é algo que me incomode, que eu queira conquistar. Toda a vez que vou jogar, quero ir bem e ajudar o meu time.

Com tanta disposição, os europeus já sabem que, se depender dele, será difícil impedir o hexacampeonato brasileiro. Afinal, pela primeira vez, o Brasil terá um goleiro europeu defendendo o seu arco.

JÚLIO CÉSAR Soares Espíndola
3/09/1979

TÍTULOS	Flamengo	Campeonato Carioca 1999, 2000, 2001, 2004
		Copa dos Campeões 2001
		Copa Mercosul 1999
	Internazionale	Campeonato Italiano 2006, 2007, 2008, 2009
		Copa da Itália 2005, 2006
		Supercopa da Itália 2008
	Seleção brasileira	Copa América 2004
		Copa das Confederações 2009

ENTREVISTA
KAKÁ

"Júlio César é um goleiro
que tem poder de decidir."

Melhor jogador do mundo em 2007, peça-chave do Milan de Carlo Ancelotti, campeão europeu e mundial de 2007, Ricardo Izecson dos Santos Leite, o Kaká, deixou o Milan sob muitos protestos da torcida e do próprio atleta, que gostaria de ter ficado mais tempo no rubro-negro milanista para se tornar uma lenda do clube. Mas, em vez disso, mudou-se para o Real Madrid, que tenta montar um novo esquadrão, tanto que contratou outro "melhor do mundo", o meia-atacante português Cristiano Ronaldo.

Nos seis anos em que vestiu a camisa do clube italiano, Kaká teve, na Internazionale, o grande adversário. E, apesar da enorme rivalidade, que divide Milão ao meio, os torcedores do outro lado também respeitam o futebol do brasileiro. Kaká fez grandes duelos contra o maior rival, jogos duros, tensos e vencidos sempre nos pequenos detalhes.

Um desses detalhes – nem tão pequeno assim, diga-se de passagem – era superar o arqueiro, Júlio César. Companheiros de seleção brasileira de longa data e rivais cordiais desde os tempos em que um jogava pelo São Paulo e o outro pelo Flamengo, Kaká via naquele seu amigo fora de campo uma grande barreira. Mesmo atuando em times adversários, se encontravam ocasionalmente para um jantar e brincavam um com o outro antes das partidas.

Após ser banco na Copa do Mundo de 2006, Júlio chegou ao auge de sua forma, bem como Kaká. Os dois se tornaram referências não apenas nos clubes, mas com a camisa amarela do Brasil. Nos ombros dos dois se deposita boa parte das chances do hexacampeonato nacional em Copas do Mundo.

Em 2004, contra o Botafogo, Júlio César faz uma das defesas que o transformaram em um dos ídolos da torcida rubro-negra.

Kaká no ataque e Júlio César na defesa formam uma dupla que teria lugar em todas as seleções de futebol do mundo.

Kaká vê em Júlio uma das estrelas da nova geração comandada por Dunga. Um goleiro completo que pode sim quebrar uma barreira incômoda: nunca um goleiro foi escolhido o melhor jogador do planeta na eleição da Fifa, que acontece em dezembro. Quem chegou mais perto foi o alemão Oliver Kahn, em 2002. E ele acha que Júlio pode mudar essa história. O astro do Real Madrid reconhece que é uma segurança imensa tê-lo lá atrás segurando as pontas na seleção, como fez pelas Eliminatórias, em um duro confronto contra o Equador. O meia, porém, também gosta de lembrar de alguns gols que fez no colega, atuando tanto pelo São Paulo como pelo Milan.

Como o Júlio César é visto na Itália e na Espanha?
Como um dos melhores goleiros do mundo, respeitado pelos clubes e jogadores. Um dos craques da posição.

Se ele for indicado para disputar o título de melhor jogador do mundo pela Fifa, será uma surpresa?
Será uma surpresa, talvez. Já é difícil um goleiro ser indicado para esse prêmio. Eu só me lembro do Kahn, e isso porque ele havia sido eleito o melhor jogador da Copa do Mundo. Mas não será uma surpresa do ponto de vista técnico, pois ele merece. Infelizmente, a possibilidade de um goleiro ou de um defensor vencer não é igual a dos jogadores do meio de campo e do ataque. Acredito, porém, que tem condições e pode romper essa barreira, sim. Em 2002, o Ronaldo ganhou do Kahn. O Júlio César é um dos destaques da atual edição da *Champions League* e, se for bem na Copa do Mundo, na África do Sul, pode sonhar com a Bola de Ouro em dezembro, por que não?

Você acha que ele merece o status de melhor do mundo?
Isso, de melhor do mundo, sempre gera um debate. Como goleiro geralmente não entra na eleição, sempre tem uma discussão paralela. Hoje, os três melhores [segundo a Federação Internacional de História e Estatística do Futebol, IFFHS] são o [Iker] Casillas

[companheiro de Kaká no Real Madrid], o Buffon [Juventus], que não está no seu melhor momento e o Júlio César. Colocar o Buffon nesta lista é mais pelo que já fez na carreira, imagino, e por aquilo que ele pode voltar a fazer a qualquer momento. E não podemos nos esquecer que o goleiro pode ser mais decisivo que um atacante nos momentos-chave e o Júlio é assim, decisivo.

Em um clássico Milan x Inter você e ele eram vistos como os principais nomes em campo? Era Júlio César contra Kaká, como se faz no Brasil?
Na Itália, não. Ali, a comparação é sempre por posição. Faziam entre ele e o Dida, por exemplo. Também o comparavam ao Taffarel, muito respeitado até hoje na Itália pelos anos em que jogou no Parma. Mas o Júlio conseguiu mais conquistas com o clube do que o Taffarel. Ele vem de muitos títulos. É destaque da Inter há tempos. É uma conquista dele, veio para a Itália e foi primeiro para o Chievo. Conseguiu, pouco a pouco, o seu espaço e o status de que hoje desfruta. O Dida já está em outra etapa da carreira, já ganhou jogos e vários campeonatos para o Milan. Mas o Júlio já pode ser apontado como tão decisivo quanto o Dida.

Em 2006, ele era o terceiro goleiro da seleção, atrás de Dida e Rogério Ceni. Como cresceu tanto assim?
Com muito trabalho, determinação e força de vontade. E não podemos nos esquecer também da ótima técnica que possui. Ele conviveu e aprendeu muito com grandes goleiros. Ganhou experiência jogando, e assimilou o ensinamento dos outros grandes nomes da posição. Melhorou muito sua saída com os pés, isso é fundamental nos dias de hoje para um goleiro. Tem um reflexo impressionante. Isso se ganha e perde com facilidade. Ele sempre está em forma.

Quais são os pontos fortes dele?
Muitos. Destaco a velocidade, o raciocínio, a reação rápida e o reflexo. Além disso, ele trabalha muito e superou as dificuldades iniciais. No começo, foi emprestado para o Chievo e só depois é que voltou à Inter. Começou de baixo na Europa e mostrou o seu valor.

E os pontos fracos?
Não vejo um ponto fraco nele, mas todo mundo tem de melhorar para não perder a forma. É muito centrado no jogo, concentrado, motivado, mas pode falhar um dia, como qualquer goleiro. Tomara que não sofra um gol por excesso de confiança, como acontece com os outros.

Como ele é na preleção? Fala muito ou é mais quieto?
Fala muito, sabe motivar os companheiros. É um dos líderes do time do Brasil. Quando perguntam, diz coisas técnicas, como organização de barreira em cobranças de falta. Em jogadas de bola parada ajuda no posicionamento da defesa, explica tudo. Ele é muito importante.

E na saída de bola com os pés e com as mãos?
Muito boa, tanto com os pés quanto com as mãos. Tecnicamente é muito bom e no rachão joga bem na linha. É habilidoso.

Ele tem muita elasticidade e colocação?
Tem um ótimo posicionamento e, quando precisa, demonstra muita elasticidade. Mas não é de fazer defesas espalhafatosas.

Nas Eliminatórias, ele foi apontado como o melhor jogador do Brasil. Isso não significa que tem algo errado no time, já que tradicionalmente o Brasil sempre tem os melhores atacantes do planeta?
Não é demérito algum isso. Um bom goleiro, um ótimo goleiro também é decisivo. Tem o seu reconhecimento. Não vejo por esse lado. Ele é um dos astros do nosso time.

Você não estava no jogo contra o Equador pelas Eliminatórias de 2009, mas poderia falar sobre a atuação de Júlio César?
Esse é um exemplo de jogo decidido por um goleiro. Os equatorianos atacaram mais e o Júlio pegou muito. Dizem que futebol não é justo. Mas se temos grandes goleiros, mais do que o Equador, então o mérito é nosso. Fez três defesas que poderiam constar em um DVD de melhores momentos.

Ele passa segurança para o time, não?
Sim, é ótimo olhar para trás e vê-lo na meta da seleção. Facilita muito nossa vida lá na frente.

Como era a convivência entre os brasileiros do Milan e Inter? Vocês se relacionavam fora de campo, se visitavam ou a rivalidade impedia isso?
Era um relacionamento bom. Saíamos de vez em quando, mas não muito, porque tínhamos horários diferentes. Mas era tudo muito pacífico.

O que vocês comentavam no dia do clássico?
Fazíamos brincadeiras normais, até hoje brincamos, mas sempre com muito respeito. Já fiz gols nele atuando pelo São Paulo e pelo Milan.

Quais são suas maiores lembranças contra a Inter? Tem algum gol inesquecível?
Guardo boas lembranças desses clássicos e também jogando no Brasil. Por exemplo, fiz um gol quando jogava pelo São Paulo, numa derrota de 4 a 3 para o Flamengo. Foi um gol bonito, deixei o [zagueiro paraguaio] Gamarra para trás na corrida, e chutei forte. Não deu para o Júlio César. Em um dos clássicos de Milão fiz dois gols. O primeiro foi em uma cobrança de escanteio. Ele saiu para dar um soco na bola, me antecipei e toquei por cima. No outro, fui pela lateral do campo e toquei rasteiro.

Bibliografia

AMBROSIO FILHO, Paschoal. *Pentatri: a história dos cinco tricampeonatos cariocas do Flamengo*. Rio de Janeiro: Maquinária, 2009.
APPEL, Valdir. *Na boca do gol*. Itajaí: S&T Editores, 2006.
ASSAF, Roberto; MARTINS, Clovis. *Almanaque do Flamengo*. São Paulo: Abril, 2001.
BETING, Mauro. *Os Dez mais do Palmeiras*. Rio de Janeiro: Maquinária, 2009.
CENI, Rogério. *Maioridade penal – 18 anos de histórias inéditas da marca da cal* (contadas por André Plihal). São Paulo: Panda Books, 2009.
CONFEDERACIÓN SUDAMERICANA DE FÚTBOL. *Conmebol – 80 años*. Assunção: Editoria de Confederación Sudamericana de Fútbol, 1996.
COSTA, Alexandre da. *Almanaque do São Paulo*. São Paulo: Abril, s/d.
CUNHA, Odir. *Time dos Sonhos: história completa do Santos F.C*. São Paulo: Conex, 2003, 2ª edição.
FILHO, Mario. O *Sapo de Arubinha: os anos de sonho do futebol brasileiro*. São Paulo, Companhia das Letras, 1994.
GUILHERME, Paulo. *Goleiros: heróis e anti-heróis da camisa 1*. São Paulo: Alameda, 2006.
MELLO, Marcelo. *Tributo a Gylmar: depoimentos sobre Gylmar dos Santos Neves, o maior goleiro brasileiro de todos os tempos*. São Paulo: Idéia & Ação, 2005.
MORAES NETO, Geneton. *Dossiê 50 – os onze jogadores revelam os segredos da maior tragédia do futebol brasileiro*. Rio de Janeiro: Objetiva, 2000.
MUYLAERT, Roberto. *Barbosa – um gol faz cinqüenta anos*. São Paulo: Icaro, 2000.
NAPOLEÃO, Antonio Carlos; ASSAF, Roberto. *Seleção Brasileira – 90 anos, 1914-2004*. Rio de Janeiro: Mauad, 2004.
NORIEGA, Maurício. *Os 11 maiores técnicos do futebol brasileiro*. São Paulo: Editora Contexto, 2009.
PASTORIN, Darwin. L´*Ultima parata di Moacyr Barbosa*. Milão: Mondadori, 2005.
PERDIGÃO, Paulo. *Anatomia de uma derrota*. Porto Alegre: L&PM, 2000.
PRADO, Marcelo; SÍMON, Luís Augusto. *Nascido para vencer*. Belo Horizonte: Ed. Leitura, 2009.
RIBEIRO, Arnaldo. *Os Dez mais do São Paulo*. Rio de Janeiro: Maquinária, 2009.
ROCHA, Antônio Carlos Teixeira. *Castilho*. Juiz de Fora: Editar, 2007.
SANDER, Roberto. *Os Dez mais do Fluminense*. Rio de Janeiro: Maquinária, 2009.
SIMÕES, Alexandre. *Rei de Copas*. Belo Horizonte: Leitura, 2009.
SOTER, Ivan. *Enciclopédia da seleção: as seleções brasileiras de futebol – 1914-2002*. Rio de Janeiro: Folha Seca, 2002.
UNZELTE, Celso. *Os Dez mais do Corinthians*. Rio de Janeiro: Maquinária, 2008.
VIEIRA, Cláudio. *Maracanã: templo dos deuses brasileiros*. Rio de Janeiro: Mauad, 2000.

O Autor

Luís Augusto Símon é jornalista na área de esportes desde quando o Brasil era apenas tricampeão mundial. Começou no *Popular da Tarde* em 1988 e passou pelos jornais *Diário Popular, Gazeta Esportiva, Lance!, Jornal da Tarde, Agora*, pelos sites *Todogol, Netgol*, e trabalha na revista ESPN desde a primeira edição.

Cobriu o Mundial de 1994, quando o Brasil foi tetra, o Mundial de 2002, quando chegou o penta e o Mundial de 2006, além do Pan de Havana em 1991. Publicou os livros *A saga corintiana, Nascido para vencer* e *Tricolor Celeste*.

GRÁFICA PAYM
Tel. (011) 4392-3344
paym@terra.com.br